五人組と近世村落

―連帯責任制の歴史―

煎本増夫

目　次

はじめに

まず、五人組とは何かについて説明する。

五人組はれっきとした歴史用語で、高校・日本史教科書によると、江戸時代の農民支配のところで、村民は「五人組に組織され、連帯責任と相互監視のもとにおかれ、行動を制約された」（『新日本史・四訂版』三省堂）とある。もっとも高校の学習では、日本史は選択必修科目であるから、五人組については知らないか、または忘れたという人たちが多いであろう。

教科書の記述にあったように、五人組は連帯責任と相互監視の役割をもたされている。前者については現在の連帯保証人制のルーツでもあるので、さしあたって土地売買に関する史料を示しておこう。

※以下、史料は読みくだしにし、それができない場合はルビを振った。史料の典拠は省略することにする。

たとえば、寛文十一年（一六七一）、「信濃国佐久郡平原村五人組改帳《あらため》」に次のような記載がある。

田畑屋敷売買仕り候はば、代官・名主・五人組へ相断り、かまいなきにおいては、売買仕るべし、

売買証文には、五人組から一人か二人が売人とともに連名してはんこを押す。これを「加判」といっている。のちに述べるが、五人組は原則的に五軒の家から構成されるから、その戸主が連印するのである。売地に何か問題が生じてくると五人組に連帯責任が課せられる。

相互監視についてはたとえば、天和三年（一六八三）の亀山・板倉氏の法令に、次のような一文がある。

兼《かね》て仰せ付けられ候通り、村々五人組仲間として不断吟味を遂げ、不審成るもの又は徒《いたずら》成るものこれ有らば、早速、庄屋方へ相断るべき事、

徒者とはいわばならず者で、悪いことばかりして手のつけられぬ人をいう。不審者とともに五人組の監視すべき対象であった。幕府や大名領主は五人組に警察的な役割を負わせたのである。相互監視にはほかに、出奔、博奕《ばくち》、作物の盗人、徒党《ととう》―大勢が集まる―などのケースがあった。

要するに、村内治安の維持が五人組の重要な役割であった。

以上から、多少、五人組についてのイメージをもっていただいたと思う。

このほかに五人組のもつ役割には、

（1）年貢納入上の共同責任

（2）農業耕作の助け合い

などがある。（1）についてはたとえば、五人（軒）のうち一人が年貢を納められず村から逃げたりすると（「欠落《かけおち》」という）、残る四人が欠落人の年貢を納めなければならない。（2）については、独身または病身の家があれば、五人組が耕作を助ける義務がある。古来、日本農村の社会には〝結《ゆい》〟といって、田植などの時には互いに雇われて、力を貸す習

慣があるが、前記の五人組の助力による耕作は領主側の強制（年貢納入面）がからんでいる。

この二つの役割を加えて考えてみると、領主側の強制があるとはいえ、五人組は江戸時代の村社会における生活共同体といえる。

とりわけ注目したいのは五人組の機能というべき連帯責任である。これは現代の日本社会につながる。たとえば金融関係の借用金、貸家の契約の場合の連帯保証人である。そしてこの制度は日本国の法律によって定められているから、当の本人が契約を履行できない場合、連帯保証人の負債となる。現代ではそれが親・家族・知人などであるが、江戸時代では五人組であった。

今一つ、五人組に源流があるとみられるのは町内会である。町内会は数十軒ごとに一地域の自治会が編成され、他の自治会と連合し、全体的に市・町・村の行政機関に結びつくかたちになっている。江戸時代でいえば、村々が連合して組または組合村をつくり、幕府・大名領主の統制機関に入るしくみと共通している。そして一つの地域の自治は、地続きの数軒ほどで編成された班があり、輪番で班長・会長・が選出されて会が自治的に運営される。自治会である。

一つの集団の家を組に編成する仕方は全体的にいって江戸時代からである。それまでは同族関係（血縁的集団）が日本の社会の基底にあった。江戸時代に入って武士は村から離れて城下町に居住することになり、番・組に編成され、軍制の基礎であった武士団は解体された。一方、武士が去った村では十人組そして五人組が組織された。

組ということばは江戸時代以前からあり、たとえば室町時代の「組舟」は舟橋のことで、舟を組み合わせて川の橋とした。また同時代末期の京都の「組町」は幾つかの町が結合したもので、下京の中組・西組・巽組などの組がある。しかし日本中世の社会全体でみれば、地縁的結合としての組は一般的にはない。それは結局、兵農分離になった近世日本においてはじめて成立するのである。

江戸時代または近世日本に関する研究成果は膨大だが、何故か五人組については、とくに太平洋戦争以降、研究が進んでいない。著者は昭和四七年（一九七二）、「五人組と近世村落」（『駿台史学』三十一号）を発表し、五人組の制度化に関する定説を批判した。定説は制度化の原因をキリシタン禁制・浪人取締りを原因としているが、これに対し大名領主・幕府による農民支配のための組織としたのである。

ところで著者の研究対象はその後、五人組から離れて、徳川氏の研究に専念することになり、いくつかの成果をだしたが、置き忘れた感のある五人組をまとめておこうと思い、新たに史料を集めてなんとかまとめることができた。本書で五人組が何故、近世日本になって誕生したのか、そして近代日本にまで存続したのか、五人組の全体像を明らかにしたい。

〈史料を引用した文献〉

穂積重遠『五人組法規集・続編上下』

野村兼太郎『五人組帳の研究』

前田正治『日本近世村法の研究』

県・市・町史など自治体史の史料集

〈参考文献〉

穂積陳重『五人組制度論』

細川亀市『隣保制度史』

児玉幸多「初期の五人組制度」（『歴史』16－2）

平沢清人「近世村落の五人組の構成」（『信濃』15－3）

拙稿「五人組と近世村落」（『駿台史学』三一号）
拙稿「十人組の成立」（『江戸幕府と譜代藩』）

第一章　五人組成立以前の村落社会

江戸時代以前の日本の社会では、組という組織が一般的に存在しなかったことは前に述べたが、近江国（滋賀県）の惣村《そうそん》史料に七人組がみられる。惣村とはいうのは、当時の日本の先進地域である畿内《きない》（京都府・大阪府・奈良県・滋賀県近辺）においてみられる自治的な村落をいう。この惣村の今堀村（滋賀県八日市市）に七人組の存在を示す史料がある。

今堀村惣中《そうちゅう》置目《おきめ》の事

一、七人組に仕上げば、徒党《ととう》これあるにおいては、組中としてあらため、惣中へ披露仕るべき候事、

一、人の田地の上にて、木草を取り申すまじき候、他郷へ罷り出てぬすみ仕り候、その組よりあらため候て、出し申すべき事、

惣中とは惣村の村人で置目とは掟《おきて》である。これは惣の村人のあいだで定めた約束事である。第一条は村人を七人組別に編成し、不審な者たちがおれば惣中に報告する、第二条は盗みをする者についても同様という。このような治安上の自治は江戸時代の五人組の役割にあるが、五人組は支配の組織であり、治安の維持は領主側の要請によるものである。

ところが今堀村は、豊臣秀吉が天下を統一した天正十九年（一五九一）に次のような掟をつくっている。

一、御代官より仰せ付けられる御年貢米の事、地下《じげ》人の内、うけ（請）状仕り候上は、前よりはしり（走り）候者見かくし候はば、となり三間（軒）として御年貢納所仕りべく候、

地下人とは一般の百姓、「はしり」とは走百姓で、村外に逃亡する者である。走百姓を見逃すようなことがあれば、隣三軒が連帯で年貢を納入せよとしている。もしこの時期に七人組が続いて存在しておれば、七人組が連帯責任になっているはずである。おそらく今堀惣における自治的な組織は解体していたのであろう。秀吉の政策がそのようなものであったか、これについては十分な論証が必要なので今のところ不明である。

ついでに豊臣政権下の連帯責任の様子をみてみよう。秀吉も法度《はっと》（法令）を出しているが、それには刑罰として、「一町一在所御成敗《せいばい》加えられるべきこと」、「一郷《ごう》同一町曲言《くせごと》（事）たるべきこと」とある。「成敗」・「曲言」は処罰の意味で、連帯責任（処罰）の対象となるのは一郷・一町である。郷はいくつかの村を合わせた行政の単位、一町は一つの町であろう。また「隣三軒」を連帯責任の単位としているから人民の「家」を組に編成する意図のあることを推測させる。

連帯責任の範囲を郷・町または「隣三軒」としたのは、戦国大名の武田、上杉両氏にみられる。

武田氏については、貢税納入の規定について、「逐電《ちくでん》」（逃亡）または死去した場合は郷中においてすみやかに「弁済《べんさい》」すべしとある（「信玄法度」）。「弁済」とは債務を弁償すること―つまり逃亡者の税を郷中が代って納入するきまりである。

上杉氏については、天正三年（一五七五）の上杉氏の掟書に、博奕《ばくち》を禁止し、違反者は当人および「宿」の「隣三間」を「相払うべし」としている。「払う」とは『日葡辞書』によると、差別なく斬ることとあるから死刑にしたのであろう

か。とすれば隣三軒が死刑で連座させられているのである。

この隣三軒に連帯責任が及ぶ規定は、豊臣政権の五奉行の筆頭浅野長政がだした掟書にもみられる。

けんかく（懸隔《けんかく》）にやすき売物これあるにおいては、両隣とむかいの家主と三間に相届け、これを買うべし、

内容は、普通の値段にくらべて大へん安い売物は盗品かもしれないので、両隣と向かいの家主に届けてから買うべしと定めている。

今一つ、秀吉が取り立てた大名の蜂須賀家政の法度にも隣家が対象になっている。蜂須賀氏は播磨国五万石を領していたが、天正十三年（一五八五）、家政が阿波国一七万石余の領主となって入国した。家政は慶長三年（一五九八）六月の法度で、悪事をくわだてて集まっている家の隣家まで処罰するとした。

第１表

村		山　城　国 狭山		
耕地保有面積＼年代		(1584)		
		人	人	%
5町	以上			
3町	以上	1		
2町	以上	4	16	8.9
1町	5反以上	4		
1町	2反以上	3		
1町	以上	4		
	8反以上	4		
	5反以上	14	47	26.1
	3反以上	29		23.9
	1反以上	49	117	65
	1反未満	68		
計		180		100

以上から、戦国大名領・豊臣政権下の大名領において、年貢を納められず逃亡する走百姓、一揆を起そうとする企て、博奕・盗品売買などの事件があり、当該者の連帯責任は郷・町、隣三軒など近所が対象となった。ということは、五人組など組の成立は江戸時代に入ってからで、それは何故かという問題になる。

一つの手掛かりになるのは、この時代の郷村の農民の階層構成である。

この時代の農村では、大きな屋敷に住んで、下人や作人などの隷属

的な農民を使って農業経営をおこなう名主《みょうしゅ》・乙名《おとな》百姓などの地主的有力農民と、自身の持つ田畑だけでは自立した経営ができず、前者の土地を小作して生計を立てている小百姓が存在していた。両者がどのていどの割合か、天正十二年（一五八四）の山城国《やましろのくに》（京都府）狭山郷の太閤《たいこう》（秀吉）検地帳から作成された階層構成表を第1表で示す（安良城盛昭『太閤検地と石高制』）。

この表をみると、一八〇人のうち、一町歩以上の耕地を持つ者が一〇％弱、乙名の有力農民と考えてよい。他方、一、二反、一反未満（一反は三〇〇坪）零細農民が六五パーセント、つまり十人に六人以上の割合となる。このような人たちは地主的農民に隷属していた小作人か下人であったが、太閤検地によって一応、一軒前の農民として自立せしめられたのである。

その様子について、浅野長政が若狭国《わかさ》（福井県）に公布した法度の一部を示す。

> おとな百姓として、下作《げさく》（小作）に申しつけ、作あい（合）を取り候儀無用に候、今まで作り仕り候百姓、直納仕るべく候、

「作あい」とは中間搾取、「今まで作り仕り候百姓」は作人である。乙名百姓が作人から小作料を取り立ててはならない、作人が耕作している土地の所持権を認め、年貢は作人が納めるとしたのである。つまり隷属関係を解消させ、作人の本《ほん》百姓としての自立を豊臣政権が認めたのである。

もっともこれには別のねらいがあった。地主的農民は地侍《じさむらい》である場合が多く、武力を持っている。秀吉は村から武力を取り除こうとし、天正十六年（一五八八）、刀狩《かたながり》を実施した。農民とくに地侍から武力を排除し一揆を起さないようにしたのである。武士は城下町に、農民は村に土着する土民《どみん》として、いわゆる兵農分離が進められる。

こういう情況があって、村の権力者である地主的農民の基盤を弱める必要があった。そのため、検地をすることによって、隷属的な農民に土地を分与する政策が打ち出されたのである。また、前記の浅野長政の法度に、「おとな百姓」が、「一時もひら（平）の百姓つかわれまじき」と、地主的農民が平百姓（本百姓）を勝手に使役してはならないとしている。

このような政策があって、戦国時代の村は変りつつあったが、平百姓や隷属的農民が土豪的農民と肩を並べるまでは相当の時日がかかり、その時は江戸時代に入る、十人組・五人組の成立期であったのである。

第二章　五人組の起源

従来、五人組の起源とされているのは、慶長二年（一五九七）三月七日付の豊臣秀吉の「御掟」とするのが定説である。「毛利家文書」から全文を引用しよう。

御掟

一、辻切・すり・盗賊の儀について、諸奉公人・侍は五人組、下人は十人組に連判を続き、右、悪逆仕るべからず旨、
一、侍五人、下々十人より内の者は、有り次第組たるべき事、
一、右の組にきらわれ候者の事、小指をきり、追放すべき事、
一、右の組中悪逆仕る者、組中より申し上げ候はば、かの悪党成敗を加え、組中は違儀有るべからざる事、
一、組の外より申し上げ候はば、悪党一人につき
候て金子二枚づつ、かの悪党の主人より訴人に褒美としてこれを遣わすべし、
一、今度、御掟に書き立てられ候侍・下人、自今以後他の家中へ出すべからず、但し本主人同心の上は、各別たるべき事、

一、咎人（罪人）成敗の事、夜中その外猥《みだ》りに誅戮《ちゅうさつ》（殺）すべからず、その所の奉行へ相理（断）り申しつくべし、時に至りすまい了簡に及ばざる族は、即刻、相届くべき事、

右条々、堅く仰せ出ださる所件《くだん》のごとし、

慶長二（年）三月七日

長束大蔵大輔
増田右衛門尉
石田治部少輔
宮部法印（継潤）
徳善院（前田玄以）

この秀吉「御掟」は伏見城下の町の治安強化のためにだされた。伏見は京都市の東南部（伏見区）に位置している。豊臣氏の本城は大坂城であるが、文禄三年（一五九四）、伏見城を築城し、ここが当時の日本の首都となった。諸大名は競って屋敷をつくり、大名たちは妻子とともに伏見に常住し、家臣たちの一部も国もとから出て来て、屋敷内外に常駐していたのである（第1図）。伏見の城下町は武士のほか商人・職人・日雇などいろいろな職種の人たちがおり、町中は雑踏して、辻切《つじきり》・すり・盗賊・悪党がいて治安状態はよくなかった。

その対策として「諸奉公人」・「侍」は五人組、「下人」は十人組に編成され、「組中」でおたがいに監視させたのである。「諸奉公人」とは、小人《こびと》・小者・若党・足軽・中間などの武家奉公人、「侍」は伏見在住の秀吉の直臣団・大名の家臣たちになるが、伏見では少数の武家奉公人とともに居住していた。「侍」を五人組に編成したのは、辻切などの「悪逆」な行為の監視であったのであろう。

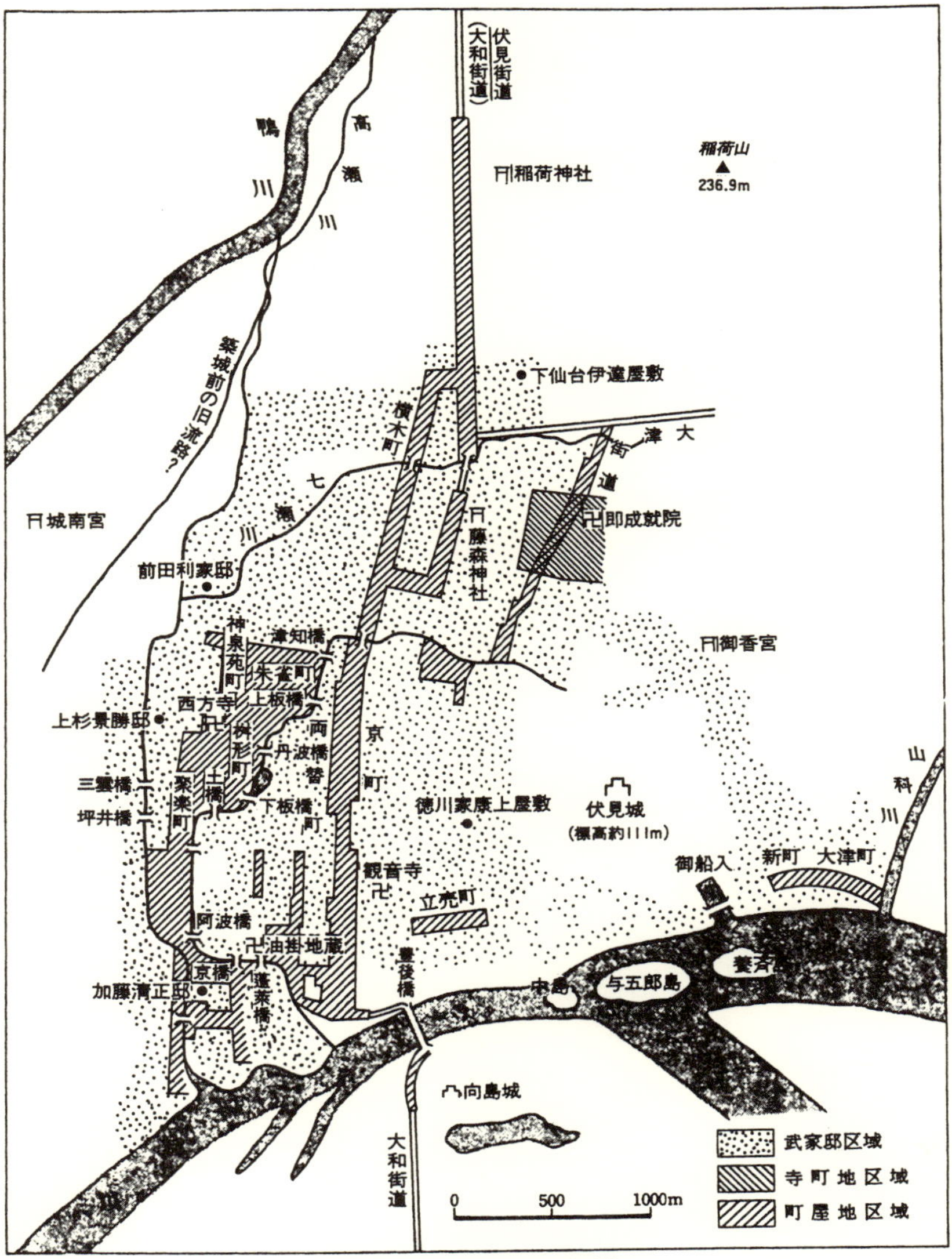

（『京都の歴史・4』より転載）

図1　伏見城下町復元図

十人組に編成された「下人」は身分のいやしい者、「下々」はしもじも、官に対して人民とされる。伏見城下町の町民であろう。

秀吉「御掟」から六年後、江戸幕府が成立した慶長八年（一六〇三）、京都惣中の家主長次郎が惣中あてに出した書状に、「今度、公儀より十人与《くみ》の儀仰せ出だされるについて」との文言がある。以下「与」は組とする。公儀（幕府）は京都町中の家々を十人組に組織したのである。秀吉「御掟」を京都の治安統制に取り入れたのであろう。

ところで五人組について、実は、戦国時代の島津氏の家臣団に組織されていた。天文八年（一五三九）の島津忠良・貴久の署名がある「掟」に、「諸士衆中、忠孝の道第一に相守り、五人与中睦《むつ》まじく交じるべき事」との文言がある。このころ島津一族は分裂し争闘中で、家中の離反をおさえるための「掟」である。「諸士衆中」とはおそらく、島津氏本城の鹿児島城下町に常住する直轄軍団で、団結をはかるための五人組の編成と思われる。

「下々」の十人組についても関連史料がある。それは天正九年（一五八一）、前田利家が越前国《えちぜん》（福井県）の「大井村百姓」に対し、年貢米を「十人者」に催促している文書である。「十人者」は十軒を一組とする連帯責任組織と考えられる。別の文書には「くみ」・「組中」の文言がみえるので、組を単位とする支配の組織がうかがえる。これが秀吉「御掟」の参考にされたかどうかはわからないが、五人組の起源に関する史料としてよかろう。

以上、秀吉「御掟」にある五人組は武士、十人組は庶民を対象に編成されていたことが明らかになった。そこで五人組の起源が武士社会にあるのではないかと、関係史料を探ってみた。

さしあたって、小瀬甫庵の「太閤記」の記載をみると、朝鮮出兵の「馬廻組」（秀吉直轄軍）は「伊藤組」・「河井組」・「真野組」・「尼子組」・「速水組」から構成され、各組は二〇騎から三〇騎のていどである。各組の侍大将は組頭と呼ばれていたのであろう。また同書の「浮田家の軍法」には、家中《かちゅう》（家臣）の人数は「四与」に分けられ、組頭の役割として次のように記されている。

東西のはてはてに在者《ある》までも、一時にあつまるようにこしらへ置きて、一人も与（組）はずれなきように侍りぬ、

領地に住む家臣を対象とする統制であるが、一人も残らず組に編成すべしとしている。また、足軽など雑兵の軍事編成については、同書の「加賀勢越中表働事」に、「天正十三年八月二日（中略）利家・利長は鳥越の城押えとして備えつゝ、弓・鉄砲の者三百人、組頭六、七人さし添え、張出しおさえ置きし処に」とある。今一つ、豊臣秀次（秀吉の甥）の知行割で、「検地の者一郡へ三組づつ出し給いて」と、一つのグループを一組としている。

ごく僅かの例ではあるが、秀吉「御掟」の五人組・十人組の発想には、常備軍や足軽など雑兵の隊編成がヒントになっていたのではあるまいか。そして組編成の数字上の単位は、五または十の画一的でわかりやすい数字が用いられたのであろう。

五人組起源の問題は今後に残された課題であるとして、秀吉「御掟」が伏見在住の大名に通達された様子を次にみてみる。豊臣五奉行から佐竹義宣（水戸城主）あての文書を示す。

辻切・すり・盗賊の儀について、仰せ出だされ一書これをまいらせ候、然らば御家中侍五人、下人十人組の連判、急度《きっと》仰せ付けられ、あげられるべきの旨候、かの盗賊人の儀申し上げ候、訴人下され候金子主人として出だきるべきの旨、高札立て置かれ候様、御油断無く仰せつけられるべく候、恐惶《きょうこう》謹言

これによると、訴人の褒賞金は佐竹家から出すべきこと、高札を立て置くべきことなど具体的な指示をだしている。秀吉「御掟」の文書は、佐竹氏以外の伏見在住の大名にも届けられているから、諸大名はこれによって十人組・五人組による支配のしくみを知り、大名家臣団の番組制、領地の町・村の統治に利用されることになる。

ところが豊臣氏から徳川氏に政権が移り、江戸幕府が成立してどのようになったか。政治の中心地は江戸に移ったので、大名たちは江戸に屋敷を設けた。伏見城はそのご徳川氏の番城（支城）となり守備軍が配置された。京都では慶長八年（一六〇三）、十人組が設置されたが、「板倉氏新式目《しきもく》」からその内容をみてみよう。

十人組の事、隣家談合せしめ以って連判付け、内一人法度に背くといえども、相残る人数、事に依りその科《とが》（罪）掛くべくとの条、内々、従者見及び候者、常々異見を加うべし、紀明の上、科の軽重次第、法度を行なうべき事、

この式目（法令）を作成した板倉勝重は、慶長六年（一六〇一）、京都所司代《しょしだい》に就任している。京都所司代は朝廷や西国《さいごく》大名の監察、京都諸役人の統轄にあたった。幕府は同八年、京都に二条城を築城している。大坂城にいる豊臣秀頼（秀吉の子）の動きを牽制《けんせい》するためもあって、京都は政治上、軍事上、重要な都市であった。もちろん治安の強化が必要となる。幕府は秀吉「御掟」の、「下々」を十人組に編成する方法を京都の町民に適用したのである。

この十人組の編成の仕方で興味深いのは、「創業記」にみえる次の一文である。

福人は貧人に組む事を愁い、財宝を他所へ運送してこれを置く、

これは富裕な町民が貧乏な町民と一緒の組に入ることをおそれ、財宝を家から別のところに移したということである。これは財物を奪われる心配もあったのであろう。また別の問題も生じてくる。同じ組の貧民の負債を富裕な町民が連帯責任で弁済しなければならない。そこに貧・富の家を組み合わせたねらいがあったか。十人組・五人組の編成がこのようなものであったことは、のちに述べる五人組の編成のところで考察する。

さて、秀吉「御掟」で「侍」を対象とした五人組は伏見在住の大名家臣たちに実施されたのか、これについては残念ながら史料がみあたらない。ただ年代はくだるが、米沢・上杉氏の史料にある。慶長十七年（一六一二）八月にだされた上杉景勝の法度の次の一文をみよう。

同心・被官ともに五人組・十人組に申し付け、徒者《いたずらもの》これあらば組中より申し出るべし、自然、隠し置き候者、主人・組頭同罪たるべし、

上杉景勝はいわゆる五大老の一人で豊臣政権の重鎮であったが、関ヶ原の戦いでは西軍に加担したので、会津・若松一二〇万石から米沢三〇万石に減封となった。景勝はもちろん秀吉「御掟」は知っており、下級武士の同心・被官のあいだに五人組・十人組を組織したのである。軽輩の武士であるから徒者（乱暴者）もかなりいたのであろう。もし隠したならば組頭まで同罪というから、武士間の連帯責任制である。

秀吉「御掟」との関連で今一つ例をあげておこう。関ヶ原の戦いのあと、筑前・福岡五二万石の大名となった黒田長政は、慶長十三年（一六〇八）に領国支配のための法度をだしているが、その一文を示す。

博多・福岡町人五人組の儀、織部・宗也両人へ申し渡す事、

長政も秀吉の重臣であったから秀吉「御掟」についてはもちろん知っているはずである。それから十年後になるが、長政は主城の福岡城下町と貿易港の博多の町民を五人組に編成したのである。

以上、秀吉「御掟」がだされてから一四、五年ほどのあいだでの五人組・十人組の施行状況をみると、江戸幕府が京都

市中に、上杉氏が下級武士に、黒田氏が福岡・博多に組織したことがわかった。この間、江戸幕府が全国の大名に対して、五人組・十人組の設置を命じた形跡はない。徳川家康は五大老の筆頭であったから、伏見駐在の家臣に五人組の編成を命じたと思われ、そしてまた、京都市中に十人組を組織せしめている事実から、治安の強化に必要な制度とは思っていたであろうが、天下人になってからこれを大名に強制していない。

さて、五人組の起源が慶長二年三月七日付けの秀吉「御掟」にあるとの定説についてコメントしておこう。

（一）五人組は戦国時代の家臣の統制として組織されていた事実がある。

（二）「御掟」の五人組・十人組は豊臣政権下の伏見城下の治安上組織され、全国的ではなかった。

（三）五人組だけでなくて、十人組が「下人」・「下々」（町民）を対象に編成されていた。

（四）江戸幕府は五人組・十人組を全国的に制度化させることはなかった。上杉・黒田氏は秀吉「御掟」を領国支配に利用したものと考えられる。

以上であるが、五人組の起源を組の成立として考えるならば、それは信長・秀吉政権の軍団組織とくに足軽など雑兵・歩兵隊の組組織に系譜があるのではないか。この問題については今後さらに検討してみたい。

第三章　五人組に先行する十人組

秀吉「御掟」での十人組・五人組は元来、伏見城下の治安強化のためであって、全国の人民支配の組織を意図したものではなかったことを指摘した。したがって、制度としての五人組の起源をそこに求める従来の定説は検討の要がある。そして五人組に先行する十人組についてこのさい明らかにしておかねばならない。これについて具体的な研究がなかったところ、筆者は「十人組の成立」（『近世の支配体制と社会構造』一九八五年）を発表して実態を考察した。本書をまとめるにあたってさらに史料を収集したので、あらためて考えてみたい。

まず、江戸時代を通じて十人組がどのように存在していたか、第2表でみてみよう。もちろん集めた史料の範囲にすぎないので、実際はもっと広い範囲に組織されていたであろうが、一応、次のようなことが指摘できる。

(一) 人民支配の組織としての五人組の存在は、あとで述べるように元和以降であるが、それに先行して、慶長期において各地に十人組が存在している。

(二) 十人組は外様大名領に多く、そのほか紀伊徳川家・尾張・徳川家の徳川親族大名領に設置されている。

(三) 十人組は、五人組が一般的に成立した寛永期以降、江戸時代中期にかけて組織されている大名領がみられる。これは幕府が五人組を強制せず、大名の人民統治にまで介入していないことを示す。

代2表

年代	領主	年代	領主	年代	領主
慶長13	津・藤堂氏	寛永9	岡山・池田氏	万治2	金沢・前田氏
15	甲斐・幕領	10	熊本・細川氏	寛文3	睦奥・岩代郡
16	近江	10	出羽・酒井（旗本）	延宝3	延岡・有馬氏
17	紀伊・徳川家	11	美濃・岡田氏	6	松本・水野氏
18	高田・松平氏	12	熊本・細川氏	元禄3	松本・水野氏
19	松本・小笠原氏	12	臼杵・稲葉氏	10	萩・毛利氏
19	金沢・前田氏	12	佐賀・鍋島氏	寛政2	秋月・黒田氏
(?)	摂津芥川郡	14	紀伊・徳川家		
(?)	伊予・脇坂氏	16	紀伊・徳川家		
(?)	高槻・柱本村	19	米沢・上杉氏		
元和1	金沢・前田氏	19	尾張・徳川家		
3	長沢・松平氏	20	萩・毛利氏		
3	新潟・堀氏	20	会津・保科氏		
3	長崎・幕領	正保2	紀伊・徳川家		
4	新潟・牧野氏	慶安1	大坂・幕領		
4	長岡・牧野氏	2	広島・浅野氏		
5	信濃・虎岩村	4	大洲・加藤氏		
6	広島・浅野氏	万治2	金沢・前田氏		
寛永4	徳島・蜂須賀氏	承応1	近江・金屋村		
9	佐賀・鍋島氏	4	松山・松平氏		

五人組に先行する十人組が農民支配にどのような役割を示しているか、二、三史料を示しておこう。

（1）慶長十九年（一六一四）・甲斐国八代郡都塚村惣百姓連署状

郷中においてしょせん（所詮）なき事、惣別《そうべつ》訴人げなること申す者候はば、十人ぐみをながくはなし申すべき事、

（2）慶長十九年（一六一四）・信濃・松本城主小笠原秀政法度

寅の十一月以後、百姓欠落《かけおち》候はば、蔵入の儀は代官、給地の儀は地頭ならびにその在所の庄屋・十人組、曲事に申し付くべく候、

（3）元和四年（一六一八）信濃国飯田・脇坂領虎岩村十人組一札

仰せ付けられ候十人ぐみの内、一人なるともかけ（欠）落仕り候はば、組内にて御年貢田地のさいきょ（裁許）仕り、御無沙汰仕りまじく候、一札仍《よ》（依）って件《くだん》のごとし、

（4）元和五年（一六一九）佐竹氏家老梅津政景の日記

向正九百姓両人欠落候につき、十人組残り八人を、妻子籠は横手にて致され、男どもは尋ねに越し申され候えば、八人の百姓妻子籠より出し、二人の百姓籠者あるべき由御尋ね候、

以上の史料について説明しておこう。

（1）は、甲斐国（山梨県）の幕府領の村で、十人組のうち何事についても訴えでようという者は、十人組から追放せよという。これは不穏分子とみなされるからである。組から追放されると村では生活できない、いわゆる村八分《むらはちぶ》である。

（2）は、欠落（村から逃亡）した百姓がいると残りの十人組が処罰される。

（3）は、（2）と同様だが、この場合、残りの十人組が欠落者の年貢を弁納しなければならない。

（4）は、やはり欠落の件である。欠落した二人がもどるまで、残りの八人の妻子が「籠」（牢屋）に入れられた。横手は秋田県の横手市である。

このように十人組は連座の責任を負った。ところで（3）の虎岩村の文書には、末尾に十人組ごとに名前が記され印鑑が押されている。これを連印という。つまり、十人組として年貢を完納することを請け負った証文である。十人組には連帯責任が課せられていたのである。

伏見城下の治安対策であった秀吉「御掟」の十人組が、大名領の農民支配のための連帯責任・連座制として用いられている事実がわかったが、十人組の内容について具体的に考察してみることにしたい。

十人組の編成について

さきに慶長八年の京都のおける十人組が、「福人」と「貧人」が同じ組に編成されている様子をみたが、農村の場合もそのような編成がみられる。

第3表

氏名	地積			
	町	反	畝	歩
与兵衛	1	8	8	01
喜　介		2	9	03
次左衛門	（不明）			
与三右衛門		4	3	25
孫左衛門		4	4	21
与右衛門	1	5	0	15
五左衛門		1	1	00
新　介		1	1	06
勝兵衛	（不明）			
五郎兵衛		1	5	26
与四郎		2	0	20

三代将軍家光の異母弟の保科正之《ほしなまさゆき》が寛永二十年（一六四三）、二十三万石で陸奥《むつ》国・会津に入部したが、領村に十人組を組織しており、そのさい、一組の編成には分限あるいは老若を割合わせせよと定めている。分限は身分または資産で、老若は家族が老年か若年かである。つまり一組十軒を編成するさい富裕者同士とか、老年の多い家だけで組み合わせするのでなく、「上中下甲乙これ無き様にすべし」という。

このような組の編成について、慶長年間と推定される摂津《せっつ》国（大阪府）芥川郡東天川村の「十人ぐミの覚」にある一組の名前と所有地の地積を第3表に表示したので、これについて説明したい。（宮川満『太閤検地論・第二部』を参照した）。

これをみると所持高が「上中下」に按配《あんばい》されていることがわかる（十人組といっても必ずしも十軒でなく端数がでる場合があった）。前に述べたように、太閤検地や江戸時代初期の検地帳をみると、隷属的農民が一軒前の農民として自立せしめられているが、同時に十人組に編成されている史料がみられる。これは慶長十六年（一六一一）、近江《おおみ》国（滋賀県）浅井郡組中連判請書で、十人組の連印がある。第4表で全氏名を示す。組頭の甚太郎・甚三郎・甚五郎と組下の甚四郎・甚六・甚七郎は乙名百姓（長百姓）の一族であろうが、一族が一つの組に編成されていない。組下の名前をみると、一軒前ではなく女性を含めた家族の一員かもしれない。おそらく検地のさい、自身の土地の権利を家族に分散させ名請人《なうけ》（名義人）とし、年貢を納入させるかたちをとったのであり、名義上は一軒前となる。領主側から十人組を編成せよとの示達があって、体裁をととのえたのであろう。

第4表

※甚太郎	※甚二郎	※甚五郎
甚四郎	小六郎	小太郎
甚　六	喜ヱ門	甚七郎
ゆ　う	源　六	小　入
う　は	新三郎	新法玄
千　松	五　郎	出二郎
う　は	孫　七	う　は
う　は		与九郎
を二郎		を二郎
※は「くみがしら」（組頭）		

（一軒前とは村社会で一人前の権利・義務を有する家である）

これについて村人の長である庄屋（名主）の請書に次のような一文がある。

連判の内、一人なるともかけおち（欠落）仕り候はば、くみぐみ（組々）として急度尋ねもどし申すべく候、もしその者尋ね出し候儀相のび申し候はば、そのもの（者）におと（劣）らざる百姓を入れかえ、耕作御公役など申し付くべく候、その上、かのはしり（走）者をも尋ね出し進上申すべく候事、

これは、十人組のうち一人でも欠落・走り者がいて村にもどってこない場合、代わりの百姓を入れて耕作させ、年貢を納入させるという。そこに年貢納入を十人組に責任をもたせようとする領主側の意図がうかがえる。伏見城下の治安上で組織された十人組が、江戸時代の農民支配に用いられたのである。

今一つ、十人組編成のさい、上層農民と中・下層農民を組み合わせている例をあげておく。慶長年間と推定できる摂津国柱本村（高槻内藤氏領）の十人組の名前と印形《いんぎょう》を第５表に示す。階層の上下を示すのは印形のかたちである。花押《かおう》が六人、略押が十四人、印が一人である。

第５表

名　前	印形	名　前	印形
五郎右衛門	花押	与三左衛門	略押
彦右衛門	略押	五郎兵衛	略押
藤左衛門	印	孫右衛門	花押
孫右衛門	略押	与 四 郎	略押
三右衛門	花押	与左衛門	花押
惣右衛門	略押	与 兵 衛	略押
源 十 郎	略押	五郎左衛門	略押
新 二 郎	略押	喜　介	略押
九 兵 衛	花押	次右衛門	略押
与三右衛門	略押	弥 兵 衛	略押
助 兵 衛	花押		

花押は村の乙名百姓のような有力農民の印形と考えられ、略押は文字の書けない人たちの印形で、丸とか三角とか簡単なものが用いられた。この略押の村民は、検地の結果、一応、自立を認められた零細農民であろう。検地以前の戦国時代末期では、乙名百姓に隷属していたにちがいない。十人組の編成により、かたちのうえでは乙名百姓と同じ立場になったのである。隷属関係が残っていたにせよ、公的には同等の地位となった。村社会の大きな変化といえる。

十人組の成立は、中世日本農村の血縁的、隷属的な社会関係から、家相互を地縁的に結合する新しい村落社会が誕生する契機になったのではあるまいか。

このように農民全体を組織的に掌握し、農民を村落内に封鎖する十人組は、とくに大名領の農民支配において有効である。肥前・佐賀城主鍋島勝茂が寛永九年（一六三二）、国許の家老にあてた書状をみよう。

領中十人組改め都合の儀、三人（国許家老）へ申し付け候あいだ、行司に候て一年ずつ念を入れ先様、相究め然るべきの事、

付けたり、田を作り候者に候はば、何者にたよらず、この中のごとく、残らず十人組に相加うべき事、

勝茂は三十五万石の大守であるが、参勤交代での江戸在府中において直接、十人組を強化するよう指令を発しているのである。江戸時代初期のころは勝茂のみならず、農民支配について直接、指示している大名はかなりみられる。これは当時、江戸城など公儀普請役が多く、そのための収入源は年貢であるから、江戸に在府していても、常に領村の方に注目していたのである。

キリシタン改めと十人組

十七世の中半、ザビエルの来朝後、日本にキリスト教が発展したが、高山右近などキリシタン大名の領国で神社・仏像を焼く過激な行為もあって、秀吉・家康は「神国」日本の土壌を崩壊せしめるとして、キリシタン信仰を禁止する方針をうちだした。そして三代将軍家光の寛永期ではそのため「鎖国」政策をとった。キリシタンは一層、弾圧され、信仰を捨てない者は火あぶりなどで処刑される状態が続いた。十人組はこのキリシタン改めにかかわった。寛永十二年（一九三五）、豊後国《ぶんご》（大分県）の稲葉・臼杵《うすき》領のキリシタン改めの請状をみよう。

銘銘に起請文《きしょうもん》遣わし仕り上げ申し、その上に十人組書き物仰せ付けられ、その書き物われら預り置き申し候条、つねに油断仕らず候様に、毎月、組頭・弁指《べんざし》ども申し渡すべく候、十人組の召使中男女に至るまで、不審成るもの御座候はば組中より申し出るべく候、もしその組に十人ながら申し合わせ、心中にきりしたんをたもち申す者御座候はば、不断精を入れ申し御郡代様へ申し上ぐべく候御事、

要約してまとめると次のようになる。

（1）一人一人がキリシタンでない起請文を書き、そのうえに十人組ごと、書き物を庄屋が預かる。

（2）常にキリシタンがいるかどうかを警戒するよう、組頭や弁指（庄屋の補佐役）が組中に申し渡すこと。

（3）使用人にいたるまで不審者がおれば組中より申し出ること。

（4）心中にキリシタン信仰をもつ者がおれば郡代（地方《じかた》役人）に申し出ること。

以上、十人組にキリシタンの相互監視をおこなわせ、（4）のようにひそかにキリシタン信仰をもつ者がおれば密告すべきことを定めている。この（4）に関して豊前国《ぶぜん》（福岡県）小倉城主細川忠興は次のようなことを指摘している。長崎でのキリシタン攻《あらた》めは事の外、きびしくなっているようである。しかし「ころび」―信仰を捨てたとはいいながら、実際は信仰を続けている者もいる。町人は十人組に編成し書き物（起請文）を差しださせたが、実際はキリシタン信仰を持ち続けているかもしれない。

これをみると、長崎においても十人組によるキリシタンの摘発がおこなわれていることがわかる。

徳川御三家領の十人組

寛永年間、幕府領・大名領・旗本領において五人組が成立するが（後述）、徳川親族の紀伊家・尾張家・水戸家のいわゆる御三家の領村では十人組が組織されていた。徳川将軍家が推進しつつあった五人組制を、御三家は何故か取り入れていないのである。そのわけはともかく、御三家領の十人組の史料をあげておこう。

・紀伊徳川家・寛永十四年（一六三七）・請書

当毛取り上げ上納仕り申すべく候、もし百姓の内、走り申すべくと存じ百姓御座候はば、前かどに申し上ぐべく候、

もし百姓走り申し候はば、十人組の内へ急度、御法度に仰せ付けられるべく候事、

内容は、年貢が納められなくて、村から逃亡する百姓が事前にわかっておれば申し出ること、もし逃亡の場合は十人組は「御法度」とある。これは次の条文に、十人組のうち「残る百姓として御年貢皆済《かいさい》（完納）仕り」と弁納すべきことを示している。

・尾張徳川家・寛永十八年（一六四一）・徒党禁令

欠落（逃亡）は庄屋・組頭・十人組に責任をおわせてたずねさせ、みつからねば牢舎（牢獄）・過料、当人と宿主は牢舎または死罪とする。庄屋・組頭・十人組の届出がおくれたときは牢舎、

尾張徳川家の場合は処罰が重い。逃亡者がみつからなければ残りの十人組の百姓は、牢舎または過料である。そして当人は死罪という。

水戸徳川家領の十人組

これについては『水戸市史』の文章を引用する。

庄屋のもとに組内、組頭、これが常々、庄屋の相談相手となりそしてその下部に十人組がおかれる。このような関係から、十人組は村の大小によって数人からなるが、組内支配のない組頭は平常一人の場合が多い。この十人組は組頭の姓や名をとって、沼田組とか杢衛門組とか称されていたが、十人組といっても、十人組や十軒を組としたものではなく、一つの坪内をまとめたもの。

この水戸徳川家領の十人組は一組の編成が不規則であることがわかる。坪内というのはおそらく集落と思われる。したがって二〇軒ていどが一組になっている。これは前に述べた十人組の編成原理と異なるが、集落を十人組に編成し責任をもたせたにちがいない。

町は十人組、村は五人組

五人組が全国的になってからも、町民は十人組で組織されているのが一般的であった。たとえば伊予《いよ》国（愛媛県）の松山・松平氏の、明暦元年（一六五五）の「町中の御法度」に「十人組堅く申し付け」、また「郷中定」には、「欠落の百姓これあらば、その村の庄屋ならびに五人組又は縁者・親類ども相尋ね」と記されている。城下町は十人組、村は五人組であった。

今一つ、信濃《しなの》国の松本・水野氏の領国の例をあげておく。水野氏は譜代大名で寛永十九年（一六四二）、松本に入部し七万石を領した。延宝五年（一六七七）、松本町の「番帳の御事」に次のような条文がある。

> 前々仰せ付けられ御条目の趣油断無く相守り申し候といえども、弥以《いよいよ》って今度、番人を仰せ付けられ候に、則《すなわち》、十人組にて一人番人を相定め、一日一夜ずつ家内・借屋まで打ち廻り諸事吟味仕り候、十人組中常々互いに申し合わせ、御法度相守りべく候御事、

これによると、松本城下町の整備のため、十人組から一人ずつ「番人」をきめ、また十人組は常々、付き合いをして法度を守ることを定めている。一方、同領の村についてはのちにも述べるが、正保三年（一六四六）、農民の所持田畑の石高・家の広さ、家族構成を五人組別に記載した史料があり、村では五人組が組織されていたことがわかる。

最後に城下町ではないが、近世日本の貿易都市長崎についてみてみよう。

パジェス『日本切支丹宗門史』によれば、元和三年（一六一七）八月二十一日の記述に、「彼等（宣教師）と連帯責任の位置にある家長も全部捕縛せよとの命令が下った」として、翌四年、「住民を十軒毎《ごと》に登録し、家長の承認した罰則を付して、これに連帯責任の義務を負わせ、違背した場合には、責任者は全部火炙《あぶ》り」とある。長崎の十人組はその後も維持され、前記の細川忠興の書状に、「町人の事は十人組に仕り」と述べられている。キリシタンが出た場合、隠していたとみられて、残りの十人組の家長が火刑になる。罪もないのに処刑されるのは非道なことだが、連帯責任とは元来、支配の関係であった。

農村の方でも死刑の連座制が施行されていたとすると、その分、年貢を納入する農民が減るわけであるから、領主側がこれにどう対応したか、次にこの問題をみよう。

十人組から五人組へ

キリシタンが摘発されて十人組が死罪で連座する例は肥前《ひぜん》国（佐賀県）の佐賀・鍋島氏領にあり、これが十人組から五人組に改組されるきっかけとなった。「多久家文書」にそのいきさつが記されている。

杵島郡佐留志鳥屋の宿にいた百姓久右衛門とその女房はキリシタンだということで、養子の覚左衛門から親子の縁を切られた上で十人組と大庄屋に訴えられた。勝茂は幕府に伺いの上、寛永十四年の春、吊し殺しにする。久右衛門の十人組はその組からキリシタンを出したということで、彼等の罪に連座し、一同死刑になるところであったが、十人組から大庄屋に届け出たということで情状を酌量、命を助ける。

この一件から領主の勝茂は、十人組にしておくと、連座する人間が多すぎるので、早く改組するよう、国元の家老に次のような書状を出している。

先日、出雲・監物《けんもつ》（鍋島氏家老）より申し遣わすごとく候、十人組にこのうち相定め候えども、咎人これある刻、人余り多く損じ候儀、迷惑に候条、この先においては、領分一職《いっしき》五人組に急度申し付けられるべく候、この御地組合の儀も右の理《ことわり》に付いて、五人組にてこれある儀候、上方、長崎も五人組の由候条、早々申し付けらるべき事尤に候、

「咎人」とはキリシタン、「一職」とは全体、「人余り多く損じ」とは連座により十人組の残りの者が死罪になる、「迷惑に候」とは、その分、年貢を納める農民がいなくなると困るということである。したがって改組すべきであるという。そして上方《かみがた》（近畿）・長崎も五人組にしているから改組を早く進めるべきであると。長崎は前述で十人組であったが、五人組になったのか。九州・畿内はキリシタンの多い地域であるので、キリシタンが摘発されるケースがかなりあったのであろう。

あとで具体的に述べるが、寛永期の国内の村では五人組が一般的であったから、勝茂が五人組の改組を命じたのはもっともである。

以上、五人組に先行する十人組について述べたが、まとみることにしよう。

伏見城下の治安対策であった五人組・十人組のうち、「下々」を対象とした十人組が、大名領国の農民・町民―人民を支配する組織として取り入れられたのである。これは律令国家以来の統一的な人民支配といえる。

組は戦国時代以前からある血縁的関係の同族を単位とするのでなく、できるだけ親族同士を排除して、他家を組み合わせて編成された。そして乙名百姓など土豪的農民の分家や、隷属的な農民が一軒前の百姓として、他の一族の家と十

人組に編成されたのである。

十人組は支配の組織であったが、血縁的な社会が基本であった村を、地縁的に結ばれる平百姓（本百姓）の村に変化せしめた。これが江戸時代の村として発展する。

第四章　五人組の成立

十人組は京都・長崎などの都市、外様大名・徳川御三家の領国において組織されていたが、幕府領・旗本領においては史料を発見していない。そこで幕府農政の面から検討してみたい。

慶長・元和期

慶長十四年（一六〇九）の幕府の法度に、「百姓以下、他国へ欠落致すにおいては、曲事たるべし、但し、地頭・代官非分の儀これあるにおいては、上使ならびに番頭、その国の年寄中へ相届けるべき事」とある。この法度は三カ条あるが、当時の幕府執政職の大久保忠隣・本多正信の連署で出されたものである。

この法令は、百姓が他国へ逃亡することは禁止されるべきだが、その原因が、代官・領主の悪政にあるならば、それぞれ所管の筋へ申し出るようにとの趣旨である。幕府の首脳部が国内の全領主に対して、過度に年貢を取り立てることをしない、いわば農民保護政策をうちだしたものといえる。

三年後の慶長十七年、幕府は三カ条の禁令をだしている。キリシタン・手負者《ておい》・煙草である。これについては、のちの元和元年（一六一五）の再度の禁止令に五人組がみえるので、参考のため慶長十七年時の煙草禁止の条文を示しておく。

たばこ吸う事禁ぜられおわんぬ、然る上は売買の者までも見付けた輩においては、雙方の家財を下さるべきなり、もし又、路次において見付くに付いては、たばこならびに売主を所に押え置き言上すべし、

因にこの幕府のたばこ禁制は大名に通達され、島津氏は参勤中の家臣たちに喫煙禁止を申し渡している。しかし煙草禁制は遵守されなかったようで、今度は村ごとに請書を提出させた。そして元和元年、代官中野七蔵あて出された請書にはじめて五人組が登場するので、その全文を示す。

一、たばこのみ申すまじく候事、
一、たばこ郷中にてつくり申すまじく候事、
一、たばこうりかい申すまじく候事、
右の分相そむき申したばこのみ申し候か、又は、郷中につくり申すか、うりかい（売買）申し候えば、そにん（訴人）次第に五人組ともに御成敗仰せ付けられるべく候、一札件のごとし、

卯七月五日

五木村
肝煎《きもいり》

中野七蔵殿

煙草禁制に違反すれば「五人組ともに」「御成敗（死刑）」にしてもらってもよいとの請書を、「肝煎」（庄屋・名主）が代官に差し出している。五人組が死刑で連座するほど、幕府は禁止の徹底をはかったのである。それはともあれ、この文書が幕府の五人組の初見となるのかどうかは検討を要するが、慶長末年から元和にかけて、幕府領に五人組が組織

されていたことは間違いない。

ところが翌年の元和二年に幕府はまた煙草禁制をだしている。内容は違反者の罰則である。
（1）煙草を作った者は、町人は五十日、百姓は三十日、「自兵糧」（食料持参）で牢屋に入れる。
（2）煙草を売った者も同然である。
（3）煙草を作った者の村は、罰として百姓一人につき鳥目《ちょうもく》百疋《ひき》ずつ出すこと。鳥目は銭で百疋（匹）は一貫文であるから、相当の負担となる。
（4）その所管の代官は「過料銭」（罰金）として、五貫文を出すこと。
幕府が躍気となって煙草の製造、売買をなんとか禁止していることがわかるが、五人組の連帯責任については記されていない。これはおそらく、五人組が広域的に設置されていない状態であったのであろう。

このように幕法では五人組の記載はみられないが、在所では五人組が組織されていることが、甲斐国にみられる。当時、同国は徳川忠長（三代将軍家光の弟）の領国になっているが、元和四年（一六一八）、東山梨郡落合村の組中連判書を次に示す。

万力筋永昌院

一、五人組仰せ付けられる上、組中にあしき者御座候はば則、申し上ぐべきの事、
一、欠落の男女どもにかくしおき申すまじき候事、
一、少し成るともておい（手負）の者参り候はばおさえおき、渡辺武右衛門殿・竹河けん（監）物殿へ申し上ぐべきの事、

組の衆
惣兵衛㊞

助右衛門 ㊞
三郎右衛門 印

（後略）

忠長は元和二年、甲斐二十三万石余を領したが、甲府に在城することがなく、忠長に付属した幕臣が甲府城に配置されて甲斐国の民政に当たった。永昌院は曹洞宗の名刹《めいさつ》で四十一石余の朱印地をもっているから、同寺領か、おそらく周辺の幕領の村々にも五人組が組織されていたものと思われる。内容は不審者、欠落百姓・手負者に関している。「五人組仰せ付けられ」とあるから、おそらくこの年に組織されたであろう。

また譜代大名の酒井忠世の領村でも五人組がみえる。忠世は元和三年（一六一七）、上野《こうずけ》国の前橋城八万五千石を領した。元和五年から同八年ごろのあいだと推定されるが、忠世の書状に五人組の文書がある。

力丸の総右衛門、堀下の百姓かん左衛門かけおち候由、五人組のせう（証人）書き取り、右両人尋ねさせ申すべき事、

二人の百姓が村から逃亡したので、五人組に探させるようにと指令している。忠世は老中であるから、このころ幕府の執政職は五人組を知っていたことは間違いない。またこの時期の大名は農民の動向に関心をもっていたようで、それは年貢収入が気になるからであろう。

以上から幕府領・譜代大名領においては、元和年間に農民支配の組織としての五人組が設置されていた。徳川氏は慶長八年（一六〇三）、京都市中に十人組を設けたが、徳川御三家・外様大名のように領村に設置した形跡がみられない。

五人組の全国的成立

まず、五人組が全国的に成立している状況を、第6表で示しておく。表の読み方について説明しておこう。寛永二年（一六二五）の岸和田・松平（譜）とあるのは、和泉国《いずみ》（大阪府）岸和田城主松平康重領において、五人組の史料がみられたということで、それ以前の設置も考えられるのであるが、ともあれ、寛永期において譜代大名松平氏の岸和田領に五人組が存在していることを示している。

第6表

寛永年代	五人組の国内設置状況
1	甲斐・幕領
2	岸和田・松平（譜）
3	岡山・池田（外）　小諸・松平（譜）
4	遠江・幕領　会津・加藤（外）
5	越前・酒井（譜）
6	摂津・幕領　山城・（かわた五人組）
7	弘前・津軽（外）
8	小田原・幕領
9	鳥取・池田（外）　福井・松平（譜）　諏訪・諏訪（譜） 会津・保科（譜）　美濃・幕領
10	川越・酒井（譜）　小浜・酒井（譜）　遠江・幕領 小田原・稲葉（譜）
12	鹿児島・島津（外）　仙台・伊達（外）
13	甲斐・幕領　大垣・戸田（譜）
14	高田・松平（譜）　米沢・上杉（外）　熊本・細川（外） 佐賀・鍋島（外）　相模・幕領　飯田・脇坂（外）
15	彦根・井伊（譜）　上田・真田（外）
17	信濃・幕領　二本松・加藤（外）
18	鳥取・池田（外）
19	岡山・池田（外）　備中・幕領　信濃・幕領
20	磐城平・内藤（譜）　萩・毛利（外）

（譜）は譜代大名領　（外）は外様大名領

表全体をみてみると、寛永年間において、奥羽（東北）から九州にいたるまで五人組が存在していることがわかる。もっとも、四国の大名領にはみられないが、寛永期以降の史料に散見できるので、一応、この時期に成立していたものと考えてよい。佐賀・鍋島氏領のように、十人組から五人組に改組した大名領もあり、幕府領も含めて、農民支配の組織に五人組が有効である情報が大名間にひろまったのかもしれない。

さて幕府の法令で五人組を記したのは、寛永三年（一六二六）の「御巣鷹」に関する禁令である。巣鷹とは巣のなかの鷹のひなでこれを捕らえて鷹狩用に飼育する。禁令の内容を示そう。

御巣鷹見出し候者の事、その身の事は申すに及ばず、かの五人組の者もその年、巣番をゆるし、見出し候者に御褒美下さるべき事、

巣鷹の番をすることが五人組の役目となり、五人組のものが巣鷹を見つけた場合、その年の巣番がゆるされる。ところが巣鷹の巣を隠し、鷹を盗めば、本人はもちろん、「一類」（一味または同族）を死罪にするとされる。ただし五人組の連座は記されていない。江戸周辺はとくに将軍の鷹狩の地であり、鷹は将軍の鳥であったから、これを盗むと重罪になったのである。幕法に五人組が記されるのはこれが最初である。

幕府が五人組そのものを役割を法文に入れて、関東・甲斐・信濃・に知行地をもつ大名・旗本の諸領主に通達したのが「悪党」に関する法令である。五人組の一般的成立の背景を知るために、長文をいとわず全文を示す。

覚

一、これ以前より仰せいだされ候五人組、いよいよ入念に相改むべき事、

一、不審成者に宿かすべからず、自然知らずして貸し、あやしき事有らば、たとえ親類縁者たりというとも、そのところの庄屋・五人組まで有様に申し届くべき事、

一、御料（幕府領）・私領とも或は新田《しんでん》・郷中へ越し来たる者これある時は、本人の出所よくよく相改め、たしか成る者にて構いなくにおいては、差し置くべき事、

一、在々所々盗賊の者ならびに悪党これ有らば、急度申し出るべく候、たとえ同類たりというとも、その咎《とが》をゆるし御褒美これを下さるべし、もし隠置き他所より訴人これ有らば、せんさくの上、その五人組はもちろん、庄屋曲事に行なうべき事、或は同類或は親類・縁者などにあだ（仇）をなすべきと存じ、申し出でざる儀これ有るべし、右の

通り候はば内々を以て申し出るべし、御褒美下され、その上、あだを致し候わぬ様に急度仰せつけらるべき事、

一、在々所々堂・宮ならびに山林などにかたまり、不審成る者見出すにおいては、相搦《からま》り、庄屋ならび一郷の者相談の上、その所の地頭・代官へこれを渡すべし、捕え候儀成りがたく候はば、その村の庄屋所へ申し届くべし、御褒美これを下さるべし、然る上は庄屋早速人を集め、精を入れこれを捕え、自然捕《とら》え候儀成りがたく候はば、これを相慕い、落ちつき所へこれを断わり搦み捕り候様仕るべし、もし聞きのがし見のがし欠落せしめるにおいては、たとえ後日に聞え候とも曲事たるべき事、

一、悪党捕え候刻《きざみ》、地頭・代官その所に有合わず候はば江戸へ召し連れ、奉行所へ差し上ぐべし、諸事入用公儀より下さるべき事、右在々所々盗賊の族これ有りて、切て悪逆と致し候事、給人の面々、御代官の輩油断思し召され候、堅く相改め悪党せんさくすべし、もし不沙汰せしめこの後、悪人これ有るにおいては、その所の給人・代官常々不念たるべし、この外御法度の儀、いよいよ入念に申し付けられるべき事、

寛永十四年丑十月二十六日

武蔵・相模・伊豆・上総・下総・安房・上野・下野・常陸・甲斐・信濃

この国々知行これ有る面々は、右数条の趣堅く申し付けられるべく候、領内の寺社まで相触れられるべき者なり、

最初に指摘しておきたいのは、「これ以前より仰せいだされ候五人組」とあるように、寛永十四年以前において、関東・甲信に知行地をもつ大名・旗本が、幕府から五人組を設置するよう命ぜられている点である。これについては裏付ける史料がある。

寛永九年（一六三二）、美濃《みの》国（岐阜県）多芸郡押越村で五人組が編成されたが、そのさい、「御公儀より度々、仰せ付けられ候あいだ、村中出合いこの組をいたし、組頭を付け」たとある。五人組設置の幕法は美濃国にまで及んでいた。

法文全体をみて共通しているのは治安の強化である。各条文のそれぞれを要約しておこう。

（1）他の土地から来た余所者は出所をよくよく吟味すること。

（2）奉公、商売での行く先は庄屋・五人組に知らせておく。実際上は五人組頭であろう。

（3）盗賊・悪党の所在を密告したものは褒賞するが、もし隠し置くことがあれば、五人組はもちろん庄屋まで罰する。

（4）神社・寺院・山林などにたむろしている不審者がおれば、捕えて領主・代官へ渡すこと。このような不審者のなかには、百姓一揆の相談している場合もあったであろう。ならば、庄屋が人を集めて捕縛すること。

（5）悪党を逮捕のとき、領主・代官がその地にいなければ、江戸へ召し連れ奉行所へ渡すこと。

（6）悪党・盗賊を放置しているようであれば、「給人」（大名・旗本）の落度となる。

この幕府の法度は一村ごとに配布されたようで、もし火事にあったら、「わき（脇）の村より写し置」くことと、徹底を期している。おそらく庄屋が五人組頭を集めて申し渡し、五人組頭が組仲間の百姓に伝えたのであろう。

このように幕府は寛永十年代において、関東・周辺諸国に五人組を制度化した。これは悪党・盗賊・百姓一揆の現象があって、治安の強化をはかったのであるが、それというのも、幕府のお膝元の関東周辺を平穏にしておかねばならなかったからであろう。

寛永十年代の社会状況をみてみると、重い年貢・諸役の負担もあってか、村から逃亡する走百姓《はしり》・逃散《ちょうさん》、また強訴《ごうそ》などの百姓一揆、名主（庄屋）の不正を訴える村方騒動がみられる。そのなかの走百姓について、美濃国の大垣・戸田氏が寛永十三年（一六三六）、走百姓に対する法度を出しているので、第一条を引用する。

御百姓一人成るとも走候はば、五人組ならび十村組として尋ね遣わし召し返すべく候、もし罷り帰らず候はば、その縁者、親類その村中ならび十村組へかかり、何方まで成るとも尋ねさせ申すべく候、

走百姓はひとつの家族が単独で村から逃亡すること、逃散は集団の場合である。原因の多くは年貢を納められない、困窮しての行動である。このころ諸大名は江戸城など将軍家直轄城の普請（公儀役普請）や参勤交代にかかる出費で大変であった。その財源の大半は農民から取り立てる年貢であるが、生産高の七割もの高い貢租を課す大名・旗本の領地では、年貢の減免を要求する訴訟・一揆が起こったのである。

そのような状況を認識していたのか、寛永十二年（一六三五）の武家諸法度（大名統制法）のなかに次のような文言がある。

従者の員数、近来甚だ多く、且つ国郡の費、且つ人民の労なり、向後《きょうご》（この後）その相応を以って、これを減少すべし、

参勤交代の従者の人数は大名の領知高（一万石以上の石高）によってきまっているが、当の大名たちは見栄もあってか、ほかの大名が員数を多くしていると、負けてはならじと増員して参勤するのである。当然、費用がかかり大名財政を圧迫する。それに加えて江戸城などの普請工事の負担もあった。この公儀普請役は幕府創立の慶長八年（一六〇三）からずっと続いている。寛永十三年（一六三六）の江戸城の外郭工事では石垣方と堀方にわかれ、前者に従事する大名は主に西国《さい》（西日本）の諸大名で六十二人、堀方は主に東国（東日本）の諸大名で五十八人である。全大名の役高は実に七〇〇万石余となり、これに普請役がいっせいに課せられたのである。

このような幕府の大名統制の強化が、農民への過重な年貢負担となる。その結果は、年貢を納入できないで妻子を売る、村から逃亡（欠落・走百姓）する、浮浪人・悪党・盗賊が徘徊する現象が関東はもちろん、国内のあちこちにみられるようになり、治安が悪化してきたのである。

五人組の制度化は、以上のような社会不安のなかで、治安を強化する幕府の対策としてなされた。これによって五人組を組織していなかった幕府領・大名領・旗本領・寺社領に五人組が編成されることになった。武士たちが城下町に移住してしまったあと、幕府は治安維持を五人組の役目としたのである。現代的にいえば村の自治に任せたといえようか。

以上の幕府による関東周辺地域になされた五人組の制度化は、譜代大名の転封《てんぽう》（領地替え）、旗本知行地の拡大（奥羽・東海・畿内・中国など）により全国的となった。また外様大名にも周知されたようで、米沢・上杉氏の場合、『山形県史』によれば、「幕府五人組制の励行、これより東北地方の五人組、極て実行を奏す」とされる。

五人組は寛永十年代以降、全国的に設置され、家光政権の農民政策として定着をみた。

第五章　寛永期の五人組

五人組が寛永十年代に治安強化の面から制度化されたことを指摘したが、その五人組は村でどのような機能を果しているか、その内容についてみてみたい。

村で五人組が編成されるさい、五人組一札という請書が作成される。これは単に五人組の名前を書きあげるだけでなく、守るべき禁令などの条項を記してこれに違反しないとう誓約書のかたちをとっている。たとえば寛永十七年（一六四〇）、信濃国の佐久郡下桜井村の五人組一札の条項を要点のみ第7表で示し、その内容について逐次説明する。

（1）五人組の組み合わせ

五人組についてはあとで具体的に考察するが、下桜井村の場合は「よきもの」や「親類ばかり」で組み合わせないという。「よきもの」とは田畑の所持高が多い、いわば富裕農民のことである。同村の寛永十四年（一六三七）の名寄帳（田畑の個別所持高）から第8表を作成した。これをみると、十石以上の所持高の多い富裕層が村人の半分以上を占める。中には五十石に近い田畑をもつ大地主もいる。田畑の所持高が十石以上の場合、家族労働と奉公人を一人か二人使用して農業経営が成り立つ。五石から九石の田畑を所持する農民は中堅で若干、富裕農民の土地を小作させてもらって自立できる。

第７表　信濃国佐久郡下桜井村・五人組一札の内容

No	条　　　項
1	五人組の編成－よき者や親類ばかりで組み合わせない
2	キリシタン改めの吟味
3	盗人を捕え差し上げる
4	奉公人の年季を 10 年とする。
5	人身売買を禁止する
6	川底のさらい、耕作につとめ、年貢を完納する
7	御蔵の番をよくし、盗まれれば弁償する
8	年貢を納めず、村から逃げる者の年貢は村中で納めること
9	年貢として納むべき物を勝手に売ってはならない
10	百姓は木綿・紙子（紙製の着物）を着用する
11	道・橋を悪所のないように常に整備する
12	竹木を勝手に伐採してはならない
13	博奕・宝引など諸勝負禁止
14	所用で村外に出るときは庄屋（名主）・五人組に届ける
15	御役を果し、手代衆からの配布物は間違いなく配達する
16	絹・紬の寸法を守ること
17	一人者・手負いの者を宿泊させない
18	茶筅髪・大脇差の格好をし、農業せず遊びをしている者を告発する
19	人を集めて一揆を企てるような行為をしてはならない
20	この法令に百姓すべてが連判し、手代衆に提出する
21	漆木など樹木・竹木を植えること

第８表　下桜井村階層構成

石高	人数	無屋敷
20 石以上	4	
15 ～ 19	6	
10 ～ 14	6	
5 ～ 9	5	
1 ～ 4	5	5
1 石以下	3	3
計	29	8

四石以下の所持高になると、大方は小作農民といってよい。この階層は富裕農民の分家か、「かかい（抱）」といわれ、実際上は一軒前として独立していないが、帳面上、百姓前として認められている。

同村は以上のような階層構成で五人組を編成する場合、富裕農民同士でなく十石以下の所持高の家をまじえて組むことになる。そのねらいは後者の階層から年貢未納者がでたさい、その組の連帯責任で納めさせる（弁納）ためである。また親類ばかりで組み合わせるのは、相互監視がゆるみ、告発しにくいことを考慮したと思われる。

（2）キリシタン改めの徹底

寛永十年代に日本が「鎖国」したのはキリシタン根絶のためもあった。同十四年（一六三七）に島原・天草の乱が勃発して半年後、多くの幕軍死傷者をだしてようやく鎮圧した。幕府は諸大名にキリシタン改めを強化させ、改宗しないキリシタンは火あぶりか斬罪にした。下桜井村の五人組一札では、毎月のごとくキリシタン改めをおこない、もしキリシタンがおれば、五人組・庄屋（名主）はいうに及ばず、村中の「百姓」まで「御仕置」にされても致し方がないという。「御仕置」が死罪であれば村が無くなるわけだから、いわばおどしである。

（3）盗人捕縛のこと

盗人についての代官所からの問い合わせがあっても、もし盗人がでた場合、早々捕えて代官所に差し出すという。村の自治で裁けなかったか。

（4）年季は十年季を厳守

この条項は寛永十年（一六三三）の幕法の法令に「男女抱え置く年季十ヶ年を限るべし」とある。これは奉公人の年季である。奉公人とは商人や村の地主などの使用人で、働くうえに年限があった。村の富裕農民には下人《げにん》と呼ばれる奉公人がいたが、十年以上、半永久的に召し使ってはならないとされた。これは奴隷的であるとされたのである。江戸幕府は人身売買を禁止していたこともあろう。

(5) 人売買の禁止

人売買禁止の法令は元和五年(一六一九)に、前記の寛永十年の法令に「人売買一円停止《ちょうじ》」で、もし違反する者は「死罪籠(牢)舎過(料)銭たるべき事」とある。過料銭とは過失罪科の償いに出させた金銭をいう。人売買禁止はのちの幕法にもしばしばでてくる。たとえば年貢を納められなくて妻子を売るのは例外ではない。しかしこれを禁止されれば農民は村から逃亡(走百姓・欠落)するしかない。村の富裕農民が「人買」いをして下人として奉公させるケースもあったのである。譜代下人といわれ年季奉公人と区別されている。

(6) 河川管理に気をつかう

川除《かわよけ》とは堤防を堅固にし、川底をさらうことである。洪水になると田畑に冠水し農業生産に打撃を与えるから、川普請も必らず行なうとの一札である。

(7) 年貢米の蔵番をつとめる

年貢米が入っている村の番をしっかり行なう。順番は五人組単位であったのであろう。もし火事か盗人でなくなることがあれば、村で弁償して納める。

(8) 年貢不納者の年貢は村の責任で納める

年貢を納められず欠落する者を含めて、年貢はともかく、「郷中《ごうちゅう》」―村の責任ですべて納入する。これを村請《むらうけ》制という。

(9) 年貢として納めるべきものは勝手に売らない

年貢米以外に納める物を小物成といい、たとえば漆・綿・紙・茶など地域の特産物である。これらは年貢として納入する以前に売ってはならないきまりである。

(10) 農民は木綿を着用する

村人の女性は絹物を着させない。百姓は木綿または紙子《かみこ》の衣服を着用することをきめている。このような農民衣服制限は寛永五年（一六二八）の幕法で次のように定められている。

百姓の着物の事、百姓分の者は布《ぬの》・木綿たるべし、但し名主その外、百姓の女房は紬《つむぎ》の着物までは苦しからず、その上の衣裳を着候者曲事たるべき者なり、

布は麻布で、絹・木綿が一般的に普及するのは戦国時代以後で、それまでは武士も含めて麻布が日用着であった。江戸時代に入って武士は絹物、農民は木綿・麻布を着るきまりができた。武士と農民の身分を衣服で区分したのである。ところで幕法では「百姓の女房」は紬の着物はよいとしている。紬は屑繭《くずまゆ》をつむいで織物にしたものだが、当時は絹ほど高級品ではなかった。もっとも、下桜井村の五人組一札では紬の着用についてはない。なお紙子は紙衣ともいい、紙製の着物で、厚紙に柿渋を塗り、日干しにしてから夜露にさらし、揉《も》み柔《やわ》らげて作った。紙子は武士のあいだでもわりあいと使用されていたようである。

(11) 道路を整備する

道と橋は村の生活ラインである。五人組一札では「さいさい作らせ」とあり、村中総出か、あるいは五人組で輪番で作業したのか不明である。

(12) 竹木を勝手に切らない

竹木伐採禁止は戦国時代以来である。竹は弓・竹束など軍事用品の素材となるので、許可を得ない伐採は禁止であった。ただし使用許可の手形＝証明書があればよいとしている。竹細工は生活の必需品であったから、全面禁止はできなかったのである。

(13) 博奕などは禁止

村での博奕は一般的であったようで、寛永十年（一六三三）の小田原・稲葉氏領の「五人組一札」に「しょしょうぶ（諸勝負）・ばくち・ほうびき（宝引）仕るまじき事」とある。宝引は福引《ふくびき》の一種で、正月の遊戯や賭博《どばく》として行なわれた。大坂の陣で村から徴発された人足たちが、合戦場で博奕をやっていた記録がある。博奕禁止は江戸時代を通じて出されているから、ザル法のようなものである。五人組も黙視していたのだろう。

(14) 村外に出向く者は五人組に断わる

用があって村外に出向くとき、宿泊地の名を五人組へ届けておく。留守中に何か問題が生ずることがでてくれば処罰されてよい。

(15) 代官所からの諸用を怠りなくつとめる

「御手代衆」（代官の配下）から配布された文書を次々と遅れのないように、隣りの村に届けること。

(16) 絹・紬の布一端の寸法を守る

寛文四年（一六六四）の幕法に、「絹・紬の儀、一端につき大工かねにて長さ三丈四尺、はば一尺四寸たるべき事」とある。これは絹など織物業が発展してきて、一反の規格を定める必要があったのであろう。下桜井村でもおそらく織物が生産されていたのではあるまいか。

(17) 手負者《ておい》の宿を貸さない

これについては慶長十七年（一六一二）の幕法に、「手負の事、上下によらず、疵《きず》付き候者これあらば、他所より手負来るに付いては、その所に留め置き」、もし隠すようなことがあれば処罰するという。五人組一札にある手負者とは村外から入って来た者で不審者とみられたのである。

(18) 異装を好み農業を嫌う者あれば届ける

五人組一札にみえる異装とは茶筅髪《ちゃせん》や大脇差《わきざし》である。前者は男の髪の結い方の一つで、髪の一部を茶筅のかたちにする。後者は長脇差といい脇差の長大のもの、博徒《ばくと》が使う刀で知られている。脇差は脇に差す小刀で武士の刀の大小の小である。寛永期のころには、脇差は農民・町民にも認められていた。おそらくこのころ、村の若者のあいだに、茶筅髪・大脇差の格好が流行となり、農業をおろそかにする風潮があったのであろう。

(19) 訴訟は大勢でおこなわない

何か訴えたいことがあれば、自分だけで訴訟し、人にすすめ「神名」しない。これは神水を飲み合って事を起こしてはいけない。他領・他所といいさかいはしない。大勢で集まることは警戒されていたのである。

(20) 五人組一札に連判し提出する

毎月、庄屋（名主）宅で五人組一札の条文を確認して連判し、代官所に提出する。

(21) 竹木・漆・桑などの樹木を植える

漆は塗物（漆器《しっき》）、桑は養蚕に使われる樹木で雑年貢の対象になる。寛永十九年（一六四二）の幕法に「木苗など植え、然るべきところには、木をうえ申すべき事」とあるが、木苗は漆などであろうか。

以上が下桜井村の五人組一札の内容であるが、全体をみて考えるところは、（一）村民は農業に専念する、（二）村から勝手に離れない、（三）村の治安は村（五人組）が自衛する、（四）幕府の法令を遵守する、（五）村の生活ライン（河川・道路）は村の責任で維持することで要約できる。このようにみると、江戸時代の村は江戸幕府の専制的な体制のなかに包摂されている感があるが、村の自治がどうなっているのであろうか。

たとえば（３）の盗人を捕えた場合、名主・年寄（組頭）など村役人と五人組頭が合議して、村として処置せず、代官所に差しだすとする。また（６）の川除など水の管理、道路・橋の保全は元来、村の自治でおこなわれているはずで、領主側に遵守を約束する筋合いのものではない。このような例は、下桜井村と同じく幕領である、信濃国佐久郡糠尾村の五人組帳に、用水につき次のような条文がある。

用水不自由の時分、内々にて問答いたし打ち合わせ申すまじく候、左様の時分はまえかた御手代衆へ申し上げ、仰せ付けられ候様に仕るべき事、

これによると、用水の利害関係で話し合いがつかない場合、村内で解決せず、代官の配下である手代衆に指示をあおぐとある。

しかし考えてみると、かつて村の支配者であった乙名百姓（長百姓）の名主（庄屋）・年寄（組頭）の統率力に関係があるのではないか。すなわちかれらの支配下にあった平百姓や隷属から自立した農民が村の本百姓として、いわば村の主力メンバーとして五人組に編成された事実に注意したいのである。というのは用水の利害関係にもかれらが主張しはじめ、村内での合議がなかなか難しい状況があったのではあるまいか。

名主の権威が落ちてきた村の事件とし、年貢の割付《わりつけ》にかかる名主を追求する村方出入《むらかたでいり》があちこちで起こっている。たとえば寛永元年（一六二四）、甲斐国（山梨県）の幕領の勝沼村で、名主の不正があって村人とのあいだでもめごとがあった。夫役《ぶやく》といい、年貢以外に領主がいろいろの名目で村に課す負担金があって、それを村役人が不正に取り立てたので、「五人組より一人ずつ立ち合い割り直した」というのである。村政が自治的におこなわれている面もある事実といえる。

最後に五人組にかかわるきびしい現実があったことを指摘しておこう。連座制である。

寛永三年（一六二六）、遠江国《とおとうみ》（静岡県）の幕府直轄の山林で「御上様（将軍）の御榑《くれ》木」を盗む者についてである。

榑木とは板材のことで、幕府の直轄林から出される御用木である。「もし五人ぐみの内、ぬすむ」者を告発したならば、告発者には金一両の褒美を与えるが、盗みをはたらいた者の五人組の残りの四人は、妻子・縁類・子孫にいたるまで「た（絶）やし」とある。つまり断罪するという。前に述べた鷹巣と同じで、将軍御用の物を盗むと重罪になり、それも五人組が連座することになる。

このきびしい連座制については、備前国《びぜん》（岡山県）の岡山城主池田氏の寛永三年の法令にもみられる。

下々五人組に仕り、不届儀候はば、右の内より申し出るべく候、見聞きかくし候て脇より聞き出し候はば、本人の儀は申すに及ばず、五人組の残りは鬮取にて成敗申し付けられるべく候、

不届きなことをすると、本人はもちろん、五人組の残りの者は、なんと、くじびきで「成敗」されるというのである。今一つ、寛永六年（一六二九）、奥羽の弘前《ひろさき》城主津軽氏の法令に、宣教師・キリシタン信者を隠す者は、「そのところの名主ならびに五人組まで一類とも厳科に処せられるべく者なり」とある。「厳科」とはきびしい罰で、たいがいは斬罪である。

以上から三代将軍家光在世の寛永期の村では、本百姓を編成した五人組が一般的に成立し、村の行政上の組織となった。名主（庄屋）・組頭（年寄）・五人組を骨格とする、日本史上の新しいタイプの村が誕生したのである。

この新しい村は自治村落として独立的に存在したのではなく、幕府・大名領主の行政機構の末端としての役割をもつ行政村であった。とはいえ、五人組の成立によって、かつての村の支配層の権威が弱化し、五人組の存在なくして村の運営がおこなわれなくなった。

〈参考〉

今までの文中にみえる名主と庄屋について説明しておきたい。江戸時代の一村の長を概して東日本では名主、西日本では庄屋と呼ばれている。幕府の法令では庄屋と名主が混在して用いられているが、どちらかに統一されていない。

第六章　幕府農政と五人組

農政とは農村または農民に対する政策であるが、基本的には幕府・旗本など領主層が、農民からどのようにして年貢を取り立てるかであった。かれらの家臣や代官が直接、農村の現場に行って指導するようなことはなかった。百姓は〝国の本〟という思想がある半面、元来、卑しい身分で年貢を納めるための存在であるみかたもあった。そして年貢を安定的に取り立てるためには、農民を村・土地に緊縛する手立てが必要で、それが十人組であり五人組であった。

家康と農政

家康が幕府を開いた慶長八年（一六〇三）に出した法令がある。これは幕府農政の最初の法令であるが、家康の農民観を知るうえで重要と思われるので一部示しておこう。

覚

一、御料（将軍直轄領）ならびに私領（大名・旗本）百姓の事、領主の非分有るにより、所を立ち退き候に付いては、

たとえその主より相届け候とても、猥に帰り付くべからざる事、

（中略）

一、御代官の儀非分これ有るにおいては、届けなしに直目安申し上ぐべき事、

一、百姓むざと（理由もなく）殺し候事御停止たり、たとえ科（罪）あるといえどもこれを搦め捕えるべし、奉行所において対決の上、申し付くべき事、

慶長八年三月二十七日

内藤修理亮（清成）

青山常陸介（忠成）

内藤清成と青山忠成は関東総奉行で、江戸の町奉行を兼ねていた。家康は旗本・代官に対してほぼ同一内容の定書を下しているから、家康の農政とみなしてよいだろう。

内容については領主・代官の「非分」――自分勝手な支配ができないよう、農民を保護する施策が注目されよう。「届なしに直目安申し上ぐべき事」とある。

これは、訴状を直接、関東総奉行に出してもよいとのことである。「非分」とは具体的には、過重な年貢を取り立てるとか、農民を不当に使役するとかである。

戦国争乱期から国内が統一された新しい時代に入って、農民を一方的に収奪することはもはや許されなかった。そして「百姓をむざと殺し候事御停止たり」は、まさしく農民を「国の本」とする発想によるのではあるまいか。しかし農民の多くはぎりぎりの生活を強いられることになる。

寛永飢饉と幕府農政

家康の農政のあと、まとまった農民法令は出されていない。これは江戸城の修築など幕府直轄城の公儀普請・大坂の陣（豊臣氏滅亡）・大御所政治（家康と二代将軍秀忠の二元政治）・参勤交代の制度化・キリシタン禁制の強化から「鎖国」の成立にいたるまで、江戸幕府を中心とする国家体制をつくりあげる重要政策が目白おしであったから、農政は領主・代官に任せておけばよいという情況であった。

一方、農村の方に目を転じてみると、自立的農業経営が可能な本百姓を中心とする、いわゆる近世村落が成立するのが、家光政権下の寛永期である。前にも述べたが、このころまでは戦国時代以来の村の土豪百姓の勢力が残存していた。そして当時、江戸の城下町は完成していなかったので、旗本は知行所の村に存住する領主であった。旗本が江戸に移住し村の住民が農民だけになって、治安の維持のため五人組が組織されていた。

さて寛永期に国家体制を確立した幕府が、中央政権として対処しなければならない事態が生じた。寛永飢饉である。これは寛永十八年・十九年（一六四一～四二）と続く全国的な大凶作で飢死者が多数でた。『徳川実紀』の寛永十九年二月の項に、「天下大いに飢饉し、餓莩《がひょう》（餓死者）道路に相い望む」とある。地域の例をみると、信濃国の木曽谷の飢民一万五八〇二人、飢死四五人、松本領安曇郡南小谷村では飢死一四七人、売人数九二人、走百姓三八戸、斃《へい》死牛馬は馬八二疋・牛八三匹にのぼるという状況がみられる（長倉保『寛永の飢饉と幕府の対応』）。また肥後《ひご》国（熊本県）の熊本・細川氏領では多数の飢死者が出た由である。

幕府は同年六月、諸大名に次のような通達をだしている。

一、当年は諸国人民草臥《くたびれ》候あいだ、百姓など少々用捨せしむべし、もし当作毛損亡においては、来年飢饉たるべく候条、倹約の儀兼日仰せ付けられるといえども、諸侍もいよいよその旨を存じ、万事相慎み、これを減少すべし、町人・百姓以下の食物までもその覚悟を致し、飢に及ばざる候様相はからい、勿論、百姓などは、常々みだりに米給わざる様申し付くべく事、

一、百姓年貢の儀、損亡無きところ申し掠《かす》め未進すべからざる事、

一、五穀の類費《ついえ》に成らざる様に申し付くべき事、

一、来年よりは、本田畑にたばこ作りべからざる事、

これによると、「諸国人民草臥」とあって全国的に飢饉であった。幕府は大名に対して、家臣たちに節約をさせ百姓を飢死させせないように命じている。そして領村の百姓を勝手に使役してはならないとした。年貢の負担はできるだけ軽くなるようにと命じたが、収穫あるのに不作としてごまかし、年貢を納めないこともあるので気を付けるよう代官たちに達している。

そして二ヵ月後の八月に農民生活のありかたを細かく規定した法令がだされた。これは飢饉の現状を認識した幕府が、農民が生活を維持していくうえに、質素第一にすべきことを強制したもので、農政上の幕府の基本方針であった。内容をみていこう。

百姓は雑穀を主食とし米は多く食べない

田畑での収穫のうち年貢は米で納めさせ、畑作物の雑穀（麦・粟・稗など）は農民の常食となる。米は最大の商品であったから、領主側は米を年貢で取り上げて、主食とするほかに商人に売って換金し消費生活にあてるのである。大方の百姓は作った米が口に入るのは一年のうち僅かな日であった。

村々で酒造は禁止する

米をみだりに消費しないよう酒造は禁止した。酒は嗜《し》好品であった。

いる。

うどん・素麺《そうめん》・餅・まんじゅう・豆腐など五穀を原料とする食べ物を商売としない

五穀とは米・麦・粟・豆・黍《きび》というが、これらを加工して嗜好品をつくることは禁止した。五穀は主食としてのみ用いる。

百姓の衣類は庄屋（名主）は絹・紬・布・木綿を、脇百姓は布（麻）・木綿を着用すべし

脇百姓は身分の低い百姓で庄屋以外のいわゆる平百姓である。絹と木綿を身分上の違いを示すものとしたのである。

百姓の嫁取りのとき乗物は無用である。

嫁に来る時は乗物（駕籠《かご》）を禁止するということである。

百姓の家作（家屋）は分を過ぎてはならぬ

分は分際で、分不相応に住むということであるが、この場合の分は、たとえば平百姓が庄屋（名主）の屋敷のような家作を持ってはならない意味であろう。

荷鞍《にぐら》にもうせんをかけて乗ってはいけない

馬の鞍に毛氈《もうせん》をかけて乗らない。農民は普通、裸馬《はだかうま》にのっていたのであろうが、鞍を置き毛氈をかけて乗るようになった。これはぜいたくとみられた。

耕作をせず年貢を納めずいたずら（無益）な百姓は田地を取り上げ村から追放する

これは「かぶき者」（異様な風体）の風潮が農村に及んでいることは前に述べた。

独身の百姓が病気で耕作できない場合は一村として助け合い、年貢を納めること

一村として助け合うとあるが、実際上は五人組としてであろう。

年貢米はもみ・ぬか・くだけ米の無いように俵をこしらへ、納めた者の名を記入する

俵に納めた百姓の名前を俵に記入せよとあるが、違反した場合の追求のためである。

年貢勘定のとき代官・庄屋に加えて小百姓が立ち合って決め、毎年その帳面に相違ないとの判を押すこと。何事によらず庄屋は小百姓に対して非分をしない。

小百姓とは庄屋以外の一軒前の本百姓のことで脇百姓と同義である。この条文は代官・庄屋の不正を小百姓が監視する。庄屋に横暴な行為をさせない。この幕府の措置は、江戸時代の村が本百姓全体による自治的な村落に変ったことを示すものとして重要である。

祭礼・仏事のさい分に過ぎた結構な振舞はしない

仏事とは法事のことで多くの費用をかけない、祭礼も同様である。

年貢を納入する前に勧進《かんじん》の人たちを村に入れない

勧進とは社寺・仏像の建立・修繕などのために人に勧めて金品を募集することである。勧進があると村の人たちは断わりきれないところがあり、これが年貢取り立ての支障になるというわけである。

来年より本田にたばこ作ること禁止、しかし新田を開いて作るのはよい

慶長・元和期以降、煙草を作ること売ることは禁止で、違反者は重罪であったが、新田で作るのはよいとしている。煙草は時代の嗜好品として一般の人たちにひろまっていったとみえる。

以上、飢饉の対策上、五穀は主食以外の副食物を加工して食べないとか、日常の質素・倹約をこまかく規程している。農民は雑穀を食し、みだりに米を食べない、木綿・麻布以外に絹物を着用しないとされる。

木綿を着る、雑穀を食べるという江戸時代の農民のイメージは、寛永飢饉の対策によって固定化された感がある。そのことと今一つ重要な点は、代官と庄屋（名主）の癒着を排除し、年貢の割付には総百姓が立ち合う（実際は五人組頭か）とか、村の運営を自治的に行なわせる政策がうかがえることである。

これに関して正保元年（一六四四）に幕府の勘定頭（のち勘定奉行）が上方代官衆と関東方代官衆に下知をだしてい

る。それには、年貢納入を記録した帳簿に惣百姓が判を押し、名主が証文を出しもめごとのないようにせよとある。この幕府の措置が名主を村の権力者としてではなく、村役人として村の運営にあたらせる地位に位置づけたといえる。前にも述べた、この新しい村をどのように定義するか、五人組制も含めて考えると〝行政村〟というべきか。

さて、寛永飢饉の対策からうちだされた有名な法令がある。同二十年（一六四三）に出された土地永代売買禁止令である。これについて次に検討しよう。条文を示す。

身上《しんじょう》よき百姓は田地を買い取り、いよいよよろしく成り、身体（代）成らざる者は田畑沽却《こきゃく》（売却）せしめ、なおお身体成るべからざるのあいだ、向後、田畠《はた》（畑）売買停止たるべき事、

身上も身代も資産のことで、ここでは土地（田畑）の所持高である。この法令は、土地をたくさん所持する者はますます田畑を買って大地主になり、所持高の少ない者は田畑を売って困窮することになるので、今後、田畑の売買は禁止するという。

この条文に続いて、「身上成らざる百姓は諸代官精を入れ、万事差引《さしひき》致すべし、その上にても続きがたきものには、見合食物類を借（貸）し、身体持ち立つように念を入るべし」とある。この法令は飢饉後の対策で、飢饉による弱小農民の保護をうちだしたものではあるが、しかし田畑を売らなければ年貢を納入できない場合もある。それについてはあとで述べることにし、この禁令に違反すると、売主は入牢のうえ村から追放され、買った田畑は代官・地頭にとりあげられる。証人までが入牢とされるのできびしい処罰である。

土地永代売買禁止令の目的は、貧しい農民が田畑を売ることによってさらに貧困になり、年貢納入が困難になることを恐れたのである。しかしそのような小百姓にとっては、年貢を納めるために子供を売ったり、田畑を売ることは禁止

であると知りながらも、そうしないと飢死してしまう実態があった。

もっとも、土地を売るしか仕方がないとはいえない、土地を質に入れて小作人になって生活を維持する方法があった。ところが土地を質に入れた百姓が年貢を納めていたのである。これを頼納買《らいのうがい》といい質取り側にとって有利であったから、幕府は前記の法令で頼納買は禁止した。この点に関するかぎり幕府の農政は小百姓を保護したのである。

寛永の土民仕置覚と貞享の土民仕置状

寛永飢饉によって多数の飢死者がでたことを知った幕府は、小百姓の農業経営の維持をはかることが農政の基本であることを認識させられた。寛永十八年から同十九年と飢饉が続いたあと、同二十年になって幕府は「土民仕置覚」を発布した。土民とは土地の人または土着の民をいう。仕置とはこの場合、取締り、統治という意味である。いわば農民法令である。飢饉のあと、幕府はあらためて農民に対する法令をまとめて発布したのである。

一方の貞享の土民仕置状は、貞享四年（一六八七）に代官山川貞則が相模《さがみ》国の村々に写させた幕府の「御法度書」で五十三カ条もある。

（1）寛永二十年の土民仕置覚

十七カ条あるが、前年の飢饉対策のために出された法度と同じく農民の生活のあり方を定めている。とくに百姓は雑穀を食べること、木綿を着用することは、この法度で確定したとされよう。つまり百姓の分際を法律で定めたのである。ほかに重要な法文が二つある。ひとつは耕作強制である。「耕作田畑ともに手入《ていれ》よく致し、草をも油断なく取り、念を入れ申すべし」と、そしてこれを守らない不届きな百姓は罰するという。雑草取りは稲作に大事な作業であるが、これをわざわざ百姓の守るべきものとしているのはどういうわけか。農作業をおろそかにする風潮があったのであろうか。

今一つは、地頭・代官の村の支配のありかたに問題があったときの条項である。

地頭・代官の仕置悪く候て、百姓堪忍成りがたくと存じ候はば、年貢皆済致し、その上は近郷なるとも居住仕るべし、未進これ無く候はば、地頭・代官構えあるまじき事、

これは、地頭・代官の支配に堪忍できないところがあれば、年貢を納入したうえで近村で居住してもよい、地頭・代官はひきもどすことはできないとした。これははじめにふれた慶長八年（一六〇三）の幕府当初の農民法令にあり、地頭・代官の恣意的な支配を排除する幕政のありかたは堅持されている。これは農民の抵抗権を認めた点で意義がある。

（2）貞享四年の土民仕置状

貞享年間といえば寛文・延宝期を経て、江戸時代の全盛期といわれる元禄時代に入るところである。寛永末年から半世紀ほどのちになる。寛永期を近世日本の成立期とすれば、寛文・延宝期は国家体制が確立したとされ、法制も大いに整備された。五十三カ条もある条文はこの時期にいたるまでの農民法令をまとめたもので、その内容は細細とした農民生活の規範である。特徴のある法文を検討してみよう。

〈隠田・新田畑の吟味〉

「隠田ならび古荒の起し返り、新発の田畑・見取場・切添《きりそえ》など（中略）一畝一歩隠し無く名主・年寄・地主書付け、これを出し改め請け申すべき事」とある。隠田とは領主に隠して年貢を納めていない田地や見取場は、毎年、田地の一部の収穫をみて収穫高をきめる不安定な田地をいう。切添とは自分の田畑の地続きを切り開いた新田である。ともかく、生産のある田畑についてすべて申告せよという。

〈村の治安は村で守る〉

これについては前にもふれたが、村の治安は村の自治に任せたのである。このころ大名の改易（領地の没収）で浪人が多く、由比正雪の乱もあって幕府は村に浪人を監視させた。夜討・強盗があれば村中の百姓が出て捕える、村は自

警団である。また火事のさいは村の百姓が全員、火消道具を持って消火する、村は消防団にもなった。

〈欠落者は宿泊させない〉

寛永二十年の土民仕置覚には、領主側の不当な年貢でも納入したうえは、村から出てどこの在所に住むことは許されたが、貞享の土民仕置状では、欠落者・年貢訴訟で他所より逃げて来た者は宿泊させないとある。これはどういう事情か。他所者を警戒する治安の強化によるものか。ともかく横暴な領主から農民を庇《ひ》護する政策がみえない。

〈訴訟ごとは公平に〉

村のなかでも公事出入《くじでいり》がときどきある。公事とは訴訟のことである。この出入がおこると、名主・年寄と五人組が立ち合って依怙贔屓《えこひいき》なく取り扱う。そして名主・年寄が百姓に非道な行があれば直ちに訴えること、一方、百姓が名主・年寄を軽んじわがままに訴訟をおこせば、よく調べたうえで罰する。そして又、許可なくして他領の村へわけもなく訴訟に出かけてはならない。

〈喧嘩口論は堅く禁止する〉

村人同士でたたきあいなどの乱暴はしない。「井水《せいすい》」・野山の境で争論をおこさない。「井水」は井戸の水だが用水一般のことであろうか。野山の境は入会《いりあい》とか秣場《まぐさば》の利用に関するのであろう。江戸時代の初期では、村と村との争論は武器を使っての喧嘩になり死傷者もだしたほどである。しかし寛永期以降、名主・年寄・五人組が立ち合って内済し解決できない場合は代官所に申し出て下知を受けた。

〈年貢未納の予防策〉

まず年貢納入する前に穀物を売ってはならない。年貢割付状は名主・年寄・百姓・出作百姓にいたるまで立ち合って、依怙贔屓なく明細に割符《わりふ》する。村入用についても同様である。また年貢米を俵に入れるさい、あらぬか・くだけなど悪米を入れないよう名主・百姓が立ち会う。そして郷蔵に年貢米を納めるときは手代・名主・年寄・頭百姓が立ち会う。このほか郷蔵に火事のないよう番をするとか、江戸への輸送とか細かい規程がある。さらにきびしいのは、年貢未納で欠落しそうな百姓は、妻子を家とは別のところに置く。もし納められない者を放任したまま未納者が多数でた場合、名主・年寄・五人組が弁納する。

〈道徳の教化〉

江戸幕府の官学である儒学は武士の道徳となっていたが、これを農民の道徳教化策に用いられた。今までの幕府農政では初登場である。条文を示そう。

忠孝をはげまし、ならびに夫婦・兄弟・諸親類にむつまじく、召仕（召使）のものに至るまで憐愍《れんびん》をくわうべし、もし不忠・不孝の輩、又は親類・縁者に不和にして悪事にたづさわり、身持《みもち》悪しきものこれ有るにおいては、早速、注進致すべき事、

忠孝・孝行の儒教的思想を村社会に注入する意図は、秩序のある安定した村社会にするところにある。一揆などの防止にもなる。これを五人組で申し合わせをしている史料もある。庶民に対する道徳教育の先駆というべきか。

〈伝馬《てんま》・助郷の負担〉

伝馬とは宿場に置かれて、人・荷物を運ぶ馬である。参勤交代の大名など公用、民間の用に使われる。助郷とは宿場で常備する人馬だけでは間に合わず、宿場近郷の村のみならず大分、離れた村からも人馬を徴発する。これらを定助・大助といっている。貞享期のころは庶民の社寺参詣の盛行で交通量が多くなっており、人馬負担は周辺農村におしつけられてきたのである。条文の末尾に「定助・大助の村々人馬触れこれ有る節は、員数刻限たがわず、遅々無くこれを出すべき事」とある。

〈キリシタンでない証明はお寺で〉

キリシタンでないことの証明に宗門人別帳が毎年作成される。宗旨と同じ寺で檀家《だんか》であることを証明してもらうのである。すべての村人の宗旨・寺・家族が宗門人別帳として毎年、作られるのである。商売や奉公で村外に出たら帳面に付けて五人組に断わらねばならない。理由なくして村を出てもどらないといわゆる無宿者になる。

〈鉄砲は免許制〉

五代将軍綱吉の有名な〝生類憐みの令〟により、禁制の鳥（鶴）を取ってはならないとされた。鉄砲については免許されている以外は、名主・五人組が常々、吟味せよとある。土民仕置状が出された貞享四年、綱吉政権による鉄砲改めがおこなわれた。少なからぬ鉄砲が村にあったのである。これは野獣害があって、威《おど》し鉄砲・猟師鉄砲であった。鉄砲改めは人民の武力行使を禁止するねらいがあった。

〈似せ薬種・毒薬売買禁止〉

薬種は生薬《きぐすり》のことで、薬草が刻まれていない漢方薬であるが、似せてつくられている薬種がでまわっていたのである。これは需要が多くて供給が少ない状況があったのか。毒薬はおそら堕胎薬であろう。その禁制は江戸時代の後期になってもみられる。

〈似せ金銀・新銭鋳造を禁止〉

江戸時代の銭貨は寛永通宝で統一されていたが、長く通用していた古銭の通用が絶えず、延宝二年（一六七四）、にせ金銀売買が禁止されている（滝沢武雄『日本の貨幣の歴史』）。銭貨の不足で新銭が鋳造されていたようである。これは地方・村にも消費が盛んになってきたことを示す。

〈新しい寺院・神社の建立は禁止〉

江戸時代の前期・寛文期ごろから寺社の整理がおこなわれ、水戸徳川家領においては処分された寺院は一〇九八ヵ寺とされる。これは本山をもたない、いわば無鑑札の小寺が乱立し農民生活を圧迫する向きがあったからである。神社も一村一鎮守でよしとし小社は破却された。これは神社を村落の中心におき、村民の共同体意識を固くするためであったとされる（圭室文雄『江戸幕府の宗教統制』）。

以上が貞享四年の土民仕置状のなかで特徴のある条文の内容である。このほか生活上の細かい規程が多い。寛永期から半世紀のあいだにより農業生産の発展、商品の流通がみられ村社会が安定している様子であるが、そのなかで幕府が年貢取り立ての確保、そのための農民生活の維持政策に腐心していることがわかる。

ところで二十年ほど前の寛文六年（一六六六）に「御勘定下知状」（二十九ヵ条）が出されており、内容は貞享の土民仕置状と基本的に同じである。勘定所は租税徴収・幕府財政の運営・幕府直轄領の訴訟についておこなう役所で、長官は勘定奉行である。その勘定所下知状は「関東御料所下知状」ともいわれ、関東幕領の村々へ触れ出されたという。貞享の土民仕置状は、関東下知状に基づいて代官山川三左衛門貞則が作成したもので、この時期の幕府農政を示すものと考えてよい。

ただ勘定所下知状では「条々、堅く相守るべし」とし違背したら「死罪、或いは籠舎・過料」にするとしているが、土民仕置状は次のように定めている。

> 右の条々、名主所に写し置き、郷中大小の百姓・水呑・前地《まえち》・門《かど》百姓ともに切々読み聞かせ、常々堅く相守るべし、この旨もし違背の族これ有るにおいては、詮議の上、当人の儀は勿論、名主・年寄・その五人組どもへ、咎の軽重を糺《ただ》し急度、曲事に申し付くべきものなり、

土民仕置状では「死罪・籠舎」のことは使わず、罪の軽重を糺して罰するとしている。前者は日ごろ農民に接しない

幕府の中央官僚らしい文言で、そのまま農民側に伝わると反感をかうであろう。農民を直接、支配している立場にある代官の山川は、そのような文言を使わなかったのは当然である。

それはともかく、土民仕置状を受け取った名主は、これを年寄・惣百姓・出作の者まで拝見させ、かつ名主が写し置いて、村中の者に一人も残さず読み聞かせるとして、連判の証文を提出させた。その連判の肩書には名主・年寄・百姓・水呑百姓・前地・門百姓とあり、本百姓以外の隷属的百姓を含めて村の総百姓の名前がある。そこに江戸幕府の法制のもとで身動きのとれない村社会の存在をみるが。

寛永飢饉以来の幕府の基本は、百姓の分際を弁えさせるところにあった。それは雑穀を主食とし木綿を着て農業に出精し、質素・倹約で暮らす身分であるという規定である。そのために村から離れることを原則的に禁止し、自由を封鎖する施策をとったのである。しかし元禄時代のころになってくると、江戸など都市文化が村に波及し、商品経済の波が押し寄せてくると村内状況が変化し、幕府も新たな対策をとらざるをえなくなる。

江戸時代中・後期の農政

貞享の土民仕置状は名主・年寄によって写され、名主宅に常置された。そしてこれは五人組前書《まえがき》に収録され、これを平百姓たちは読みその証拠として印鑑を押す。もっとも、寺小屋の普及は江戸時代の後期であるから、文章が読めない村人が多いと推察されるが、名主宅の庭先に集まった平百姓に名主が読んで聞かせ、そのうえで連印したのであろう。因に、印鑑は勝手に替えてはいけない　替える場合は村役人に届けなければならない。いわば実印であった。

さて本節では、貞享・元禄期以来、江戸時代中後期の幕府農政の展開と五人組のかかわりあいをみたい。この段階は幕府を中心とする国家体制が崩壊していく過程で、政治的には享保・寛政・天保の三大改革、社会的には享保・天明・天保の大飢饉が象徴的である。

寛文・元禄期の農業生産力の発展をベースにして幕府の財政は安定したかにみえたが、享保期にいたって財政難になり、将軍吉宗による享保改革がおこなわれた。その目的はもちろん年貢増徴策にあった。享保十三年（一七二八）の幕令に次のような一文がある。

定免《じょうめん》の年季切替の度ごと、御取箇《おとりか》増し候様にいたし候故、百姓どもも切替《きりかわり》の度ごと、相増し候儀と心得、

定免というのは、過去数年～十数年の収穫量を平均して、租率を一定期間中は豊凶によらず、定率の租税を納めさせた。その年季は五箇年・十箇年・十五箇年である。年季の切替ごとに以前よりも多く貢租をかけるという。年貢の租率について同年、勘定奉行所で議論があり、享保年中までは四公六民で納めていたが、同十六年に六公四民としたものの、これについて農民から重い年貢だと訴えがあって、五公五民で決着した。四公六民とは収穫高の四割を年貢で取り、六割は百姓の手もとに残すということで、五公五民は半分半分となる。大名領・旗本領では普通、六公四民であり、幕府は五公五民を強制していない。

この年貢増徴策との関連で質地についての幕政の内容をみてみよう。

質地に関する問題点は質流れである。元禄八年（一六九五）に幕府は「質地取扱いに関する十二ヵ条の覚」をだし、はじめて質流れを認めた。その一文を示す。

田畑・屋敷質物に入れ、年季を限り、年季明け請け返し候はずに相定め、請け返さず候はば、先にて手作《てづくり》致し候とも、又は外へ質に入れ候とも構いこれ無く証文、

田畑を質入れする場合、期限付きで借金するが、それまで返せなくなると抵当が流れる、つまり質流れとなり貸方に所有権が移るのである。貸方はこの土地を手作―使用人を使って耕作させる―しようが、ほかに質入れしてもよいという。これは事実上の永代売となる。田畑永代売買禁止令に反することになるのだが、借金側に返すてだてがなければ質流れは認めざるをえなかったのであろう。享保六年（一七二一）の村々への幕府の通達によると、質地流れの田畑は名主・五人組に断わり、「持ち主の名前に書き替え」るとしている。所有権の移動である。

ところが翌七年に質地流しは禁止されている。その理由は「分限宜きもの」つまり村の富裕農民が「質地流れの田畑を大分取り集め」または町人の手に入るようになっている事実があるからだとされる。これは永代売同然として禁止したのである。元禄期から享保期にかけて田畑を手放す農民が多くなっている情況がみてとれる。

ところがなんと、翌八年に質流れを認める通達が幕領代官・「私領」（大名・旗本領）に出されたのである。朝令幕改というべきであるが、それは次のような理由による。

すなわち質地を取りもどすにも金銭がなく、途方に暮れている者がでてきており、結局、双方、相対をもって質流しにするしかないというわけである。結局、農民の現状をしっかり認識できていない、幕府側の甘い判断であったといわざるをえない。

結局、享保期の段階は、幕府・大名・旗本の領主財政が悪化している一方、村の中では結果的に土地を手放す農民がめだってきており、以後、幕末にいたるまで富裕農民の土地集積が法的に可能になったのである。

以上、村には田畑を売る零細農民と買う富裕農民がおり、地主と自小作人（自作兼小作人）と小作人の三者の存在が一般的となってくる。そして村の変化は生活様式においてもみられる。たとえば次の正徳三年（一七一三）の幕領村への条例をあげる。

近世以来、在々所々風俗正しからず、その業にすべき耕作に怠り、その職にあらざる芸能を習い、屋作り・衣服・食物などの類、その分限に過ぎて結構を好み、

「近世以来」とはこの条例がだされた正徳期に近い時代になるが、近ごろというていどであろうか。風俗が悪くなり、耕作を怠り、農民に似合わない芸能を習い、家のつくり・衣服・食べ物など農民生活が贅沢《ぜいたく》になってきているという。この傾向はのちにいたっても続く。明和四年（一七六七）、勘定奉行から代官へ申し渡した書付に次のような一文がある。

関東筋ならび甲州辺は一体、人気が強く、我意申し募り、宣しからざるものも出来致し候、風儀は国柄に相聞え、別して武蔵・下総・上野・下野・常陸辺は宜しからざるものもこれ有り、困窮の村方に応じ候ては、身分不相応に着服など取飾り候者もこれ有る様相聞え候、

「人気」とはこの場合、地方の人々の気質で、それが強いとは、気性がおとなしくなく「我意」――わがままであるという。とくに武蔵・下総・上野・下野・常陸の地方は良くない人たちがおり、衣服も華美になっているとのことである。また、村の古株の名主・年寄などの長百姓の権威が弱くなり、名主を年番でつとめる年番名主が一般的となった。村内の身分的支配関係が希薄になりつつあった。名主の威力が通じなくなり、幕法に対する違法行為をみてみぬふりをする始末であった。したがって五人組による監察が大事になるが。

百姓の風俗の変化については、寛政改革をおこなった老中の松平定信が代官へ通達した触書に次のように指摘している。

百姓の儀は麁《そ》（粗）服を着し、髪など藁《わら》を以ってつか（束）ね候事、古来の風儀に候処、近来いつとなく奢《おごり》に長じ、身分の程を忘れ、不相応の品着用などいたし候ものもこれ有り、髪は油元結《もとゆい》を用い、その外、雨具は蓑《みの》笠のみを用い候事に候処、当時は傘合羽を用い、右に随い候ては次第に費の入用多く成り候あいだ、村柄も衰え、離散いたし候様に成り行き、

これによると、昔は髪は藁で束ねていたが、今は油を使って髪をととのえているとか、雨具は傘・合羽を用い、「不相応の品着用」は木綿でなく絹物も平常、着用しているということであろう。このような状態が続くと、遠からず農民の生活は破産してしまうであろうと、定信は嘆いているのである。

そこで定信は代官たちに次のように指示した。すなわち農民に質素であれというからには、上に立つ代官・手代が手本を示して「素服（木綿）」でなければならないと。つまり法令は実態をともなわないとし、節倹をモットーとして改革を進めようとした定信らしい考え方で、武士も質素であった江戸時代当初にもどそうとしたのである。

しかし定信のせっかくの意気込みは空振りに終わったようで、天保改革をおこなった水野忠邦は、さきの寛政改革にだされた同じ内容の風俗取締令をだしている。そして百姓が農業のみに出精しないのは「余業」をしているからだと次のような指摘をしている。

一体、百姓にて余業の酒食商いなどいたし候類、又は湯屋・髪結《かみゆい》などこれ有りの儀（中略）百姓ども専ら耕作に力を用いべき身分にて、余業へ移し、町人の商売を始め候儀は、決して相成らざる事に候、

ここにみられる「酒食商い」とは居酒屋やうどん屋などであろう。湯屋とは銭湯、髪結は理髪店で油元結いなど髪の

手入れをする職人である。もちろん余業はこれだけでなく、村明細帳などに記されている。

今一つ余業に奉公人稼きがあって、触書には次のような事実を指摘している。

近年男女とも作奉公人少なく、自然、高給に相成り、殊に機織下女《はたおり》と唱い候もの、別して過分の給金を取り候よし、是れ又、余業に走り候故の儀、本末取り失い候事どもに候、

これによると、奉公人の数が少なくなって、奉公人の給金が高くなり、とくに機織下女が「過分の給金」を取っているという。機は織物を作る手動の機械で製造所は機屋といわれた。関東における織物業は桐生・足利・秩父・青梅《おおめ》が有名である。青梅では青梅縞《じま》で知られる綿織物が生産された。これは農家の子女が農間稼ぎに織るもので、一反、二反と織られた反物は、本人または仲買人の手によって織物市に売りだされ、江戸の業者に移った。

桐生では絹織物が盛んとなり、宝暦七年（一七五七）には三〇〇人の機織奉公人がいたという。そして天保年代には、機屋は「機織女」を大勢、使用してマニュファクチュア経営をおこなうものも現われたという。たとえば、武蔵国足立郡塚越村（蕨市）の高橋家は文政年間からマニュファクチュア経営をはじめ、天保年間には機織一〇二台をそなえていた（『埼玉県の歴史』）。

以上は関東で知られた織物業の地であるが、ほかの地域でも小規模とはいえ村の機屋があって、ここに「機織下女」が働き相当の給金を取っていたことが考えられる。奉公人は女子ばかりでなく男子の出稼ぎ奉公人もおり、幕府は安永・天明期に出稼ぎ奉公制限令を出している。

このように農民が余業に従事するようになると当然、農業人口が減少し、荒地や手余地《てあまりち》がでた。手余地とは労働力不足のため農耕を放棄した耕地である。また文化・文政期にかけて潰百姓もめだってくる。潰百姓とはいわば破産した百

姓のことで、原因は年貢の未納などによる困窮、凶作・飢饉の影響も大きい。幕府は潰百姓を再興させるために、五人組などで耕作して帰村できるように手配せしめた。当時、潰百姓株といって破産しても村に住む権利を持っていたのである。

ともあれ農村の荒廃が甚だしく、松平定信は当時の関東の農村について次のように述べている。

さるにより在かた（村）人別多く減じて、いま関東のちかき村々、荒地多く出来たり、ようよう村には名主ひとりのこり、その他はみな江戸へ出ぬというがごとし、

オーバーな表現こそすれ、農業人口の回復が幕府当局が解決すべき第一の課題であった。このように村の荒廃が進行しているようにみえるが、それはともかくさておき、村社会の秩序が保たれなければならない。それには、何よりも名主など村役人が村人から支持されなければならないが、そのへんの事実確認について情況をみてみよう。

前にも述べたが、江戸時代中・後期になってくると、年貢関係の不正で名主がリコールされ、村方騒動が起きる村がめだってきた。そこで年貢割付の内容は惣百姓にもみせて印鑑を押させること、もし名主一人だけで本百姓一軒に割り付けることがあれば、代官所に訴えることが定められた。幕府は年貢納入業務を、総百姓の管理のもとにおかせたのである。

今一つ、正徳三年（一七一三）の幕府条令にみられる「百姓訴訟」問題がある。これは百姓が訴訟をしたいと名主に申し出たとき、その内容をにぎりつぶして代官に提出しないので、幕府はそのようなことがないよう通達したのである。もはや名主専制で村を治められない情況になっていた。そして条令の文言に「村限の名主・庄屋・五人組を以ってその村のことを申し付けられるべし」とある。元来は名主・組頭（年寄）とあるべきだが、「名主・五人組」で村の運営をお

こなうようにという。

以上から村の自治が五人組を中心におこなわれ、幕府がこれに対応していることがわかる。

さて最後に五人組前書を寺小屋の手習《てならい》手本に使用するようにとの通達を、天保十一年（一八四〇）の川崎宿「御用留」からみよう。

例年、村方より差出し候五人組帳の儀は、村のため大切の品にて、百姓は外に学問などいたし候にもおよばず、右をよく守りさえいたし候えば、容易に不法我儘《わがまま》、公事出入などは出来致しまじく処（中略）月々村役人方へ惣百姓寄合熟読致し、無事にてよみかね候ものには村役人どもより読み聞かせ、その外、手習師匠などへ頼み子供手本を認《したた》め貫い、幼年の節よりよく覚候様致すべく候、

天保期ごろには寺小屋は多くなっており、農民の識字率が高くなってきて、五人組前書にある農民法令を農民一般のなかで読まれるようになった意味は大きい。そしてこれは幕府にとって法令の周知、徹底ができる意味あいで好都合であった。

以上、江戸時代中・後期の村の変化と幕府の対応をみてきた。そのなかでも注目されるのは、田畑の質地流れを幕府が公認したことであろう。つまり田畑永代売買禁止令を事実上、廃止したのである。これによって土地を収積する地主層と、土地を手放して小作人になっていく傾向が助長され、百姓一揆が頻発するようになる。

第七章　五人組の編成

村・町の家はどのようにして五人組に編成されていたのであろうか。前に述べたが、元和・寛永期に成立していた五人組は、五人組との連判はあるものの、編成の仕方については不明であった。これに関しては、寛永期以降の五人組帳にみられるので、順次、史料を示す。

（1）万治二年（一六五九）・信濃国佐久郡海瀬村

「家持《いえもち》面々の儀は申すに及ばず、子ども下人ならびに門屋《かどや》の者まで一人も残らず連判仕り」

家持とは一軒前の村人として認められている家で、田畑を持たない水呑百姓も家持になる。下人は家つきの奉公人、門屋は有力な本百姓に隷属し、その地内に家がある。「子ども」は成人の息子たちであろう。以上の三者に判を押すとする。

（2）元禄十四年（一七〇一）・播磨《はりま》国（兵庫県）赤穂郡塩屋村

「五人組の儀、町場は家並、在郷は最寄《もより》次第家五軒宛組合わせ、子供ならびに下人・店借《たながり》・借地《しゃくち》の者に至るまで、悪事仕らざる様に組中常々油断無く詮議せしむべき事」

これによれば、城下町など町場は家並《いえなみ》、村は町のように家並ではなく集落で、家と家とが離れているので「最寄次第」の組み合わせになる。

（3）宝暦十年（一七六〇）・美濃国不破郡関原村

「五人組の儀、町場は家並、在在は向寄次第、家五軒宛大小の百姓・地借《じがり》・水呑《みずのみ》まで組合仕り、子供・下人まで諸事吟味仕るべく候」

「大小の百姓」の「大」は庄屋（名主）・組頭を務める村の長百姓、「小」は小百姓・平百姓で、水呑百姓（小作人）まで編成される。

（4）宝暦三年（一七五三）・上総国君津郡根懸村

「五人組の儀は毎年これを改むべし、町は家並、郷は最寄次第組合わせ、慥《たしか》なる者組頭に立て、諸事御法度急度相守り申すべく候、もし五人組に外れ隠居候か、または組頭の下知に随わず徒者これあらば、その一組にて申し出すべし」

ここでは五人組は毎年、改めるようにとあるが、これはのちに述べる組替をともなう。組頭は確かな者をえらぶとあり互選である。

（5）貞享四年（一六八七）・相模国愛甲郡沢井村

「五人組の儀、大小の百姓・水呑百姓・前地百姓ならびに地借・店借ともに、町は家並、在郷は最寄次第残らず組合申すに付き、組はずれのもの一人も御座無く候、五人組互いに申し合わせ、耕作家業精出すべし」

「前地百姓」は有力農民に隷属していたが、家族とともに独立して居住している。その他の隷属的農民も含めて村人のすべてを五人組に編成し、村人のすべてが五人組からはずれないように組に所属すべきという。

（6）安永八年（一七七九）・摂津国河辺郡伊丹北の口町

「親類その外望みの者とは、組合仕らず候」

これは親類同士の組み合わせはしない、地縁的な結合を優先するとしている。

以上は五人組帳の記載によるが、参考のため鳥取・池田氏の寛保元年（一七四一）の在方法度の一文を示す。

五人組合の儀、庄屋・年寄見はからい、上・中・下の人を割合わせ、五人にても十人にても組合わせ、甲乙これ無き様に年々割替申すべし、上人ばかり組合わせ、又は中人・下人ばかり組合わせ候はば、庄屋・年寄越度《おっと》たるべき事、

「上・中・下」の人とは、田畑の持高の多い、中ていど、少ない階層を示す。五人組を編成するさい、一組の構成は「上」のみ、「中・小」のみの所持者ばかりで組み合わせてはならないという。これは前に述べた年貢の弁納でみたように、五人組に相互扶助の役割をもたせる領主側の政策によるものである。

このほか五人組編成の内容を示したのが第9表である。前記の史料も含めて編成の仕方を整理すると、次のようになろう。

（1）町は家並に、村は田畑の所持高をあんばいして組み合わせる。

（2）百姓間の身分に関係なく、村の家持をすべてを五人組に編成する。

（3）親類ばかりとか仲のよい者ばかりで組まない。

（4）一年ごとに組替えすることもある。

以上であるが次に編成の仕方を具体的にみてみよう。

〈町の五人組〉

明治三年（一八七〇）・長崎港樺《かば》島町の「五人組申し合いの事」の条文を示す。

天朝（朝廷）御高札の趣は申すに及ばず、前々向後仰せ渡され候御書付の趣堅く相守り、もし違反の者御座候はば、組合の内より相互に心付け相慎み相用い

第9表

1	或は分限或は老若を割合、上中下無之様	寛永20	会津・保科
2	脇百姓・家抱・前地・店借の者迄	元禄5	飛騨・幕領
3	町場は家並、在郷は最寄次第家、五軒宛組合	元禄14	播摩・赤穂
4	村中の家持の分借家者迄	享保14	下総・海上
5	好者悪敷者組ませ	元文3	武蔵・大里
6	村中大小の百姓・抱・水呑・借家・門屋	寛保3	陸奥・菊田
7	村中家持の分何者に寄らず壱人も洩らさず組合	延享2	近江・蒲生
8	寄近き方にて五人組宛組合、其内相応の者を組頭に致し	延享5	近江・浅井
9	水呑百姓まではずれ壱人もないよう	宝暦6	越後・頸城
10	互に吟味仕り親類其外望の者とは組合仕らず	安永8	摂津・川込
11	正月十五日限り仲能者仲悪敷者組交、年々五人組を組替	寛政1	信濃・伊奈
12	親類縁者又は仲能者ばかり組合申さず	文政11	三河・渥美

ざるにおいては早速申し上ぐべき事、

「天朝御高札」とは明治維新で江戸幕府が崩壊し、天皇を最高の権力とする明治国家の高札である。五人組は廃止されることなく、新しい国家体制に引き継がれていたのである。この町の五人組の編成を第10表で示す。屋号は商人で、名前だけは借屋人であろうか。長崎港は樺島町など二十三の町があり、連判は各組とも苗字・屋号をもつ者ばかりの組が最初に記されている。地続きに五軒ずつ組に編成されたのであろう。

《富農と貧農のとりまぜ》

元禄二年（一六八九）、相模国淘綾《ゆるぎ》郡中里村の五人組書上帳の一部を示す。

一、高十五石六斗一升一合　組頭　六右衛門　㊞
一、高四石六斗三升四合　甚右衛門　㊞
一、高六石二升四合　彦左衛門　㊞
一、高七石七斗一合　五郎右衛門　㊞
一、高五斗五升二合　茂左衛門　㊞
〆五人組
一、高二十七石五斗五升七合　組頭　善左衛門　㊞
一、高十一石八斗一升一合　半右衛門　㊞
一、高二石三斗七升六合　半兵衛　㊞

一、高四斗六升七合　　　　　三石衛門㊞
一、高八石八升八合　　　　　伊左衛門㊞
一、高七斗七合　　　　　　　惣左衛門㊞

これをみると、田畑の持高の「大・中・小」の百姓がとりまぜ組み合わされていることがわかる。そして組頭は「大」の所持高である。同様の例を第11表でみよう。この場合の持高は石高でなく、田畑の反別である。一組はすべて五軒で、全体的に持高の「大・中・小」の者が適当に組み合わされている。さらに例を追加しておこう（第12・13表）。五人組頭の持高の多いことが指摘できる。

ところで持高のもつ意味を考えてみたい。たとえば家族が四、五人、奉公人を一人か二人を雇用して農業経営をおこなっている場合、石高では十石以上、反別では一町歩以上あれば年貢を納入した残りで十分に生活できる。五石から十石ほどの所持者は中堅農民で、自立した農業経営が可能である。

今少し具体的に考えてみよう。

五人家族で三食とも米飯だとすると、五石余の米が必要となる。とすると水田五石の持高（生産高）があれば食べていることとできるようだが、実は年貢がある。年貢は五公五民で生産高の半分を納入すれば残りは二石五斗となる。そして年貢以外の諸役（銭）・衣料・祝儀不祝儀などの生活費の出費があるので残りの米を売らなければならない。結局、一石ていどの米が残る始末である。これでは一人分の米食にしかすぎない。ではどうするか。実は農地は田だけではない、畑もあってその生産高は石高（米高）に換算されて年貢を納入する。結局、畑で生産された麦・粟・稗・大豆など雑穀が主食とならざるをえない。前に述べた寛永飢饉のとき　法令に、農民は雑穀を主食とすることを定めたが、これは実

第10表

吉雄幸沢	加藤屋忠右衛門	松村屋米太郎	袋屋彦次郎	ぬ ひ	金之助
天草屋善次郎	入来屋重平	安田屋安之助	西田屋次兵衛	小一郎	友太郎
木山屋平左衛門	竹内屋瀧次郎	山浦屋安之助	竹井屋政平	三次郎	常 吉
山下屋次郎兵衛	木屋 かね	福井屋寿之助	木屋栄助	虎次郎	春之助
佐藤平吉郎	村田屋丈吉	江川屋秀松	荒木屋誠七郎	孫 八	勘次郎

慎兵衛	利右衛門	ま さ	源右衛門	す く	末蔵
藤 吉	半 助	政 朝	い わ	り き	や す
粂 蔵	伊 吉	み さ	理 吉	せ ひ	猪之吉
善兵衛	幸之助	彦太郎	五兵衛	喜 市	源 七
浅 吉	幸五郎	幸 助	太兵衛	清兵衛	清 助

染之助	佐 吉	儀三郎	半之丞	良 蔵	三 吉
せ ひ	勘三郎	弥 蔵	鉄之助	伝 七	定 吉
亀 吉	与 作	文 吉	源次郎	浅太郎	豊 八
瀧五郎	熊五郎	や す	広 吉	儀兵衛	長次郎
佐 吉	そ の	た か	文十郎	熊太郎	て る

新三郎	庚 吉	福太郎	太一郎	く に	竹次郎
伊 助	国太郎	仙太郎	た ね	貞五郎	万之助
喜太郎	善太郎	恒太郎	ふひ	卯吉	太兵衛
勘太郎	貞吉	初太郎	たね	鶴吉	ちか
小次郎	惣八	伊勢吉	しま	きむ	清蔵

第11表

組＼田	1反以下	1反台	2反	3反	4反	5反	6反	7反	8反	9反	1町以上	計
A	2	1	○1		1							5
B	1		1			1	1				○1	5
C	1	1	○2					1				5
D	1	1	○2					1				5
E		1		1		1					○2	5
F	1	1					2			○1		5
G	2						1	1			○1	5
H			1	2	1						○1	5
I	2	2			○1							5
J	1	○1		2							1	5
K	2	○2		1								5
L	2	○2	1									5
計	15	12	8	6	3	2	4	3		1	6	60

※○印は組頭の持高

第12表

組	無高	1石以下	1石台	2石	3石	4石	5石	6石	7石	8石	9石	10石以上	計
A				1	1		2					○1	5
B		1		1	2							○1	5
C			1		1	1		1				○1	5
D		2		1						1		○1	5
E	1	1						2	1	○1			6
F			1		1	1						○1	※4
G		1					1	1					※3
H	2		2			1	1					○1	7
I			2		1	○2	1						6
J			2	1			1			○1			5
K	1		2				1	○1					5
L			1	1	1		○1		1				5
M				1		2						○1	4
N	1		1	3								1	6
O	1			1	2	1			○1				6
P	1								1			○3	5
Q	1		1		1			2	1				6
R	1		2			1						○1	5
S		1					3			○2			6
計	9	6	15	10	10	9	11	7	5	5		12	99

※F組は1人、G組は2人が持高不明
○は五人組頭

第13表

	1反台	2反	3反	4反	5反	6反	7反	8反	9反	1町	計
A	H 2	1			1		○1				5
B	H1 3		2○				1	1			7
C	H 2		H1 2○	2	1					1	8
D		H 1			2	○1				1	5
E				1			○1			1	3
F	H 2	H 1				○1	2				6
G	1	1		2				○1			5
H	1		1	2	1					○1	6
I		1			1	○2	1				5
計	11	5	5	7	6	4	6	2	0	4	50

※Hは畑のみ。H1は畑のみの家が1軒　○は組頭

は農民一般の生活の実態であったのである。お米を食べられるのは正月か祭りの日にかぎられていた時代があったのである。

さて問題は五石以下、二、三石ていどかそれ以下の持高の人たちである。多くの場合は、村の有力者の農地の小作人になり、日雇《ひやとい》に出て日銭《ひぜに》を稼ぐかする。もし凶作が続くとこの階層の人たちは飢人として救済の対象となる。

五人組が持高の「大・中・小」を勘案して組み合わされているのは、年貢・凶作その他のさいに援助し合えるためである。

ところが、ひとつの組が零細な持高しか持たない人たちが多い場合、組内が実際上、相互扶助の力をもてない問題がある。第14・15・16表をみてみよう。いずれも六石から十石までの持高をもつ中堅農民がいない。これはこの階層のなかで質流れ地で土地を手放すケースが増えてきたことを示す。つまり「大・中・小」の「中」がなくなり、土地の持高者が両極に分解している。組ごとにみてみると、「上・中」がいなくて「下」ばかりの組もある（第14表C組　第15表A・B組　第16表C・D・I・N組）。

とくに第15表の新保古新田の場合、庄屋が二十七石余、村外の鍋屋町の半十郎が七十一石余を所持している。これは村の土地の多くが半十郎の下に流出（売地・質地）したためである。半十郎は村外の大地主であり、土地を手放した同村の農民は同人の小作人となったのである。しかし考えてみると、小作料を納入した残りの収入があり、また年貢は地主の半十郎が納めるのであるから、実収は持高以上あるはずである。それにしても組の相互扶助力は弱化したことは間違いない。

以上、村の五人組は地続きの家を五人（軒）ごとに機械的に編成したのではなく、相互扶助ができるような家の組み合わせがなされていることを指摘した。もっとも地方によっては機械的にみられる組の編成があることも考えられる。第17表でその様子を示す。

Aは五人組の数が二三五組とある。おそらく機械的に編成されたのであろう。Bは十六人一組で、組名が人名の場合、有力者の配下の家が五人組となったか。J・Lの場合、少ない人数から多い人数まで順序よく区切っており、適当に編成したきらいがある。

以上、五人組の編成はすべて五人（軒）ごとに編成されているのではなく、集落のありかた、家数の地域の状況によって、二人組になり九人組になっているが、制度的には五人組と呼ばれている。

《五人組と身分関係》

村のなかにはさきにふれたように、本百姓以外に、水呑百姓や身分的に地位の低い農民も居住していた。五人組を編成するさい領主側の意図は、村のすべての居住者を五人組に組織するところにあったことはすでに述べた。その様子を史料でみておこう。明和九年（一七七二）、下総《しもうさ》国千葉郡南生実《おいみ》村の五人組帳の記載の一部を示す。

本百姓家持《いえもち》　歳五十三　源左衛門㊞
右同断家持　歳四十三　善右衛門㊞
三郎左衛門子　歳十五　長　蔵㊞
平六下男　歳三十四　新　蔵㊞
本百姓家持　歳四十六　長左衛門㊞
水呑女家持　歳三十一　庄兵衛女房
〆六人

第 14 表

組	1 石以下	1 石～ 3 石	3 石～ 6 石	6 石～ 10 石	10 石以上
A	3 人	1 人			1 人
B		4			1
C	3	2			
D	4				1
E	1	3			1
F	3	2			4
計	14	12			8

第 15 表

	無高	1 石以下	1 石台	2 石	3 石	4 石	5 石	6 石	7 石	8 石	9 石	10 石以上	計
A	1	3	1										5
B	1	3	1										5
C	1	2				2							5
D	2	1										2	5
計	5	9	2			2						2	20

※ 10 石以上のうち 1 人は 37 石余、庄屋は 27 石余、村外の鍋屋町で 71 石余の持高者あり

第 16 表

	1 石以下	1 石台	2 石台	3 石台	4 石台	5 石台	6 石台	7 石台	8 石台	9 石台	10 石以上	
A 組	4	3										7
B 〃	1	2				1					1	5
C 〃	7											7
D 〃	4	1	1									6
E 〃	1	4		1								6
F 〃	2	1										3
G 〃	1	1	2	1								5
H 〃		1	1	1								3
I 〃	2	1	2									5
J 〃	3	1		1								5
K 〃	1	2	1			1						5
L 〃	2	1		1	1							5
M 〃	3	1				1						5
N 〃	3	1										4
計	34	20	7	5	1	3					1	71

第17表

組	年代	国・郡・村	組数
A	宝永8	越後国魚沼郡浦佐組村々	54ヵ村　5人組（235）
B	寛延1	武蔵国桶川村	角右衛組16人　甚右衛門組16人
C	享保5	摂津国河辺郡伊丹北ノ口町	5人組（10）　4人組（3）
D	享保15	三河国宝飯郡西原村	5人組（2）
E	元文3	武蔵国大里郡中曽根村	5人組（3）　6人組（1）
F	寛保4	伊勢国三重郡奥家村	12人組（1）　13人組（3）　14人組（1）
G	延享5	近江国浅井郡西大井村	平八組　又四郎組　平四郎組　与右衛門組
H	明和9	相模国高座郡菖蒲沢村	6人組（3）　5人組（6）
I	寛政8	下総国印旛郡布鎌新田	5人組（5）　6人組（4）　7人組（1）　8人組（1）　3人組（1）
J	寛政11	上野国吾妻郡布施町	3人組（3）　4人組（2）　5人組（11）　6人組（5）　7人組（3）　8人組（3）
K	文化8	河内国若江郡荒本村	5人組（10）　4人組（4）　3人組（1）
L	文化11	美作国大庭郡上長田村	2人組（1）　3人組（2）　4人組（1）　5人組（3）　6人組（3）　7人組（3）　8人組（2）　9人組（1）　10人組（2）
M	天保3	武蔵国埼玉郡市野割村	5人組（15）　6人組（1）
N	天保4	武蔵国多摩郡日影和田村	5人組（8）　4人組（6）　7人組（1）
O	安政2	相模国久良岐郡蒔田村	5人組（3）　3人組（1）
P	安政3	武蔵国多摩郡是政村	4人組（11）　5人組（15）

「水呑女家持」は水呑百姓の後家で家を相続しているのである。「三郎左衛門子」は十五歳だが家を相続していたか。「平六下男」についてはどうか。別の組に「平六弟」がいるので、おそらく平六が死去したあと、弟と下男が独立したかたちで村の一員となったのであろう。それで同村は水呑百姓が二十五軒、本百姓が四十三軒とされる。この数は「家持」の合計で、「三郎左衛門子」・「平六下男」は「家持」とは認められないが、五人組の一員とされたのである。

さて水呑百姓とは何か。普通、田畑を所有しない百姓をいう。江戸時代の初期または前期に検地が施行され、所持田畑と所持者を記載する検地帳が作成されるが、屋敷地のみで田畑の所持が記されていない百姓がおり、これが水呑百姓とされている。

本百姓と小作百姓の組み合わせによる五人組の例を今一つ第18表で示す。「無田」は水呑百姓である。「小百姓」は名主・組頭を除く本百姓である。前記の生実村と同じく両者の数は半々ていどで編成されている。これはもちろん相互扶助によるとしても、水呑百姓が本百姓と同じ五人組に入ることによって、村人としての役割を果したのである。

　次に、かつて地主農民に隷属していた人たちが、五人組にどのようにかかわりあっているのかみてみよう。対象となるのは信濃国の史料によるみられる門屋《かどや》である。門屋とは家抱《けほう》・庭子《にわこ》などといわれる。高持百姓から土地を分与されているが、主家とは隷属的関係が残っており、年貢諸役はすべて主家を通して一緒に納めたとされる。このため村の構成員とはほとんど認められず、一般に墓所なども区別されたといわれる。このほか隷属的農民に名子《なご》・柄在家《からざいけ》が知られている（『日本史用語大辞典』）。

　この門屋が五人組に編成されたのをみたのが第19表である。門屋を除いた本百姓の持高は、十石以上が大半で、二十石以上が四人、四十石が一人いる。相互扶助による編成の必要はない村といえよう。しかし潰《つぶれ》百姓分が三十二石余ある

第18表

	小百姓	無田	その他
A組	3	1	居人1
B組	2	2	名主1
C組	3	1	組頭1
D組	5	2	組頭1
E組	2	3	
F組	2	3	
G組	2	3	
計	19	15	4

第19表

組頭	長　作	12石4斗3升1合	門屋
	三四郎	40・1・2・5	下人・門屋
	市右衛門	12・4・3・1	
	惣十郎	11・3・7・4	
	三郎右衛門	24・8・5・0	門屋
組頭	一郎右衛門	15・6・2・6	
	彦　平	13・8・4・1	
	〈門屋〉五右衛門	7・7・5・2	
	〈門屋〉勘太郎	8・1・7・9	
	〈門屋〉五右衛門	6・4・6・6	
組頭	次郎右衛門	13・9・1・5	
	清十郎	21・0・6・6	門屋
	賀兵衛	22・6・1・7	
	助右衛門	13・9・0・4	
	孫四郎	26・6・2・0	
組頭	久太郎	19・1・6・1	
	伊之助	13・5・0・5	
	作右衛門	8・1・7・9	
	〈門屋〉門四郎	8・4・4・0	
組頭	長七郎	13・5・2・9	
	作　平	13・8・5・8	
	長三郎	11・0・5・4	
	庄右衛門	14・2・3・0	
	新　平	8・1・3・7	

から、村全体の農業経営が安定しているとはいえない。

門屋についてみると、五人組に編成されている門屋が四人おり、持高は七石〜八石である。これらの門屋は独立しているとみてよいが、五人組に入れず本百姓に隷属している門屋が四人いる。このほか従属関係にはないが、五人組に入っていない門屋が三人おり、そのうち一人は持高が十四石もあり、農業経営は自立しているとみてよい。

今一つ、仙台・伊達氏領の五人組の例をあげよう。正保二年（一六四五）の東山・保呂羽村の吉利支丹《きりしたん》帳の記載のうち、一軒の家族構成をみると、息子夫婦・弟夫婦など親族夫婦のほかに、水呑夫婦・作子《つくりこ》夫婦・名子《なご》夫婦などがいる。水呑夫婦が家内にいる本百姓は十三家と多い。作子・名子は地主農民に従属しその土地を耕作するか、他の地主の土地を小作している。水呑百姓の多くが一軒前として五人組に編成されていないのは、江戸時代初期であったからで、元禄期ごろになってくると、おそらく五人組に編成されるようになると思われる。

このことに関連する史料を二つあげる。

元禄十一年（一六九八）、越前国の勝山・小笠原氏領の五人組手形に「地名子」という隷属的農民の主家が、村役人と五人組頭に「村法」を守らせるから、「地名子」を五人組帳に組み入れてくれるようにとの文言がある。

そして延宝六年（一六七八）の陸奥《むつ》国伊達郡桑折町の五人組一札に「家抱・前地の者も五人組に入れ申し候」とある。奥羽の地においても、隷属的農民が五人組に編成される状況があったのである。

《同族と五人組》

五人組編成にさいして親類ばかりで組み合わせをしないきまりがあるが、実際はどうであろうか。これについては史料上の制約がある。というのは、江戸時代は農民に名字を名乗らせない幕府の政策があって、史料では親類の関係はわからない。もっとも、寺小屋の筆子とか神社の奉加帳などには名字があるが、五人組との関係で検討する機会に恵まれていない。

そこで明治初年の五人組関係の史料を利用して、第20・21・22表を作成した。まず第20表の中藤村についてみると、組番号の6・8が同姓で組み合わされているが、ほかは他姓の家が適当に入って組が編成されている。中藤村の江戸時代の史料によると、兄弟が別々の組に入っているケースがみられる（拙稿「江戸時代の〝組合〟について」）。同族がそのまま五人組を構成することもあるが、他姓との組み合わせが多い。

中藤村の傾向は第20表の佐野川村も同様である。同姓数が多い清水・杉本・楢島の三氏の家は各組に適当に配置されている。親類だけで二組も三組も編成しないことはたしかである。しかし例外はある。第22表ではA・B・D・E組が同姓である。もっともF組は、五軒ずつの編成のためはみだした異姓の家で組み合わされている。持高は三石以上であるから相互扶助を考慮した編成は特に必要なかったのかもしれない。

以上、五人組の編成について述べてきた。

領主側の意図はもちろん、一軒前の家はすべて五人組に編成するところにあり、事実、そのようになっている。そのなかには、水呑百姓や門屋などと呼ばれる隷属的農民もひとつの組に編成される場合もあるが、主家に隷属して五人組の成員になっていないケースもあり、地域差の問題がみられる。それはともあれ、隷属的農民が五人組の一員になることにより、本百姓と同列の立場になるか、その可能性があったのである。五人組が、江戸時代以前からある農民間の身分上の差別をなくす役割を果しているように考えられる。

また五人組の編成には、富裕農民と零細農民を組み合わせることが要請され、事実そのようになっていることが判明した。これは年貢の弁納、農業上の助力など、村での生活が維持されるところから必要であった。親類同志だけの編成は、監視的な役割をもつ五人組のありかたから排除されたのである。

以上から江戸時代に入って、村社会が血縁的関係から地縁的関係が優位になりつつある情況があり、これを促進したのが五人組の存在であったことが明らかとなった。

第20表

同名＼組	与兵衛組	三郎兵衛組	利兵衛組	九郎左衛門組	喜兵衛組	助右衛門組	源兵衛組	武左衛門組	久兵衛組	次郎左衛門組	上川原組	杢左衛門組	清兵衛組	十助組	七郎右衛門組	惣右衛門組	喜兵衛組	六郎兵衛組	計
清水					2						1	3			5		11	8	30
杉本		1	6		4				10	2			4	2					29
楢島						11	2		5										18
小池																8		2	10
神田											6	3							9
佐藤							1	2		5									8
小山														8					8
田村		8																	8
植松										7									7
舟橋					6														6
兼帯			5																5
小沢							2				1				1		1		5
石井					1		3												4
長岡				4															4
吉村	4																		4
市川								1	2										3
寺										1		1		1					3
(不明)	1						1		1										3
安藤											3								3
野伏				2															2
藤本	2																		2
武田											2								2
相沢													2						2
大神													2						2
守屋														2					2
真下														2					2
辺見		1																	1
山下			1			1													2
横島							1												1
西尾								1											1
吉下								1											1
宮崎										1									1
森田										1									1
岡本																1			1
秋間											1								1
大河原											1								1
加藤											1								1
尾崎												1							1
鈴木													1						1
髙橋																		1	1
小林																		1	
計	7	10	12	6	13	12	10	5	18	17	16	8	9	15	6	9	12	12	197

第21表

組番号	百姓名字　○の数字は百姓数	計
1	乙幡⑪　清水①	12
2	乙幡⑥　高橋①　野村①　魚住①	9
3	魚住④　乙幡③　清水②　田中①	10
4	古川③　魚住②　清水①　加藤①　岡本①	9
5	加藤⑤　波多野③　魚住②　乙幡①　高橋①	12
6	乙幡⑨	9
7	高橋⑦　乙幡②　清水②　波多野①　内野①	13
8	高橋⑫	12
9	波多野⑩　石野①	11
10	乙幡④　波多野①　根岸②　中山①　市川①　榎本①	10
11	石川④　波多野②　榎本②　市川①　永瀬①	10
12	榎本③　乙幡②　波多野①　服部①　石井①	8
13	波多野⑥　榎本③　石井②　指田②	13
14	藤野③　魚住②　水野①	6
15	比留間⑦　宮崎②　進藤①	10
16	進藤⑤　比留間②　加藤①　坂本①　長円寺①	10
17	比留間④　藤野②　進藤①　田代①	8
18	藤野⑧　井上④　野崎③　朝倉②　永瀬①　波多野①	19

第22表

組	1石台	2石	3石	4石	5石	6石	7石	8石	9石	10石	氏名
A					1	1	1	○1	1		小宅5
B			1	○1			1	1	1		小宅5
C			1	1	1	○2					陳野4　小宅1
D				1			2	○1	1		齋藤5
E				1	3		○1				齋藤5
F			2		○2	2			1		緑川3・齋藤2・小宅1・内山1
計			4	4	7	5	5	3	4	0	

※○印は組頭の持高

第八章　五人組は機能していたか

五人組が編成されている情況について述べてきたが、はたしてその五人組が実際に機能していたか、これについて検討してみよう。はじめに五人組は形式的だとする、『五人組帳の研究』の著者野村兼太郎氏の説がある。

五人組帳を通じて見た五人組制度が頗《すこぶ》る形式的なものに過ぎず、役人から命ぜられて作りは作ったが、そこに作られた五人組と実際の集団生活との間には、かなりの差違があったことが認められる。五戸前後を一組として、相互扶助・協同作業がなされ、その一組の代表者として五人組頭があり、これが庄屋・名主の統率の下に置かれ、五人組が地方行政の細胞なるが如くに考える者があるようだが、それはあまりに概念的にのみみた見方である。前述したように五人組の編成も殆《ほとん》ど帳簿上のことだけであり、実際問題としては、殆ど意義を有さなかった。

このように野村氏は五人組を帳簿上の形式的なものにすぎないといわれる。たしかに五人組帳（五人組前書）のみの検討からすれば、そのような結論になるのであろうが、村の一般的な史料からみると、五人組は機能していたことは間違いない。まず天保十五年（一八四四）、下総国葛飾郡清水村の「観農教諭略」という史料をあげる。そこに五人組が生活上、必要な組織であることが述べられている。

（1）五人組は今までは名目だけで、訴訟などのときに付き添うだけのように思っていた。

（2）しかしそれは間違いであって、五人組は助け合いのため、たとえば五軒のうち病気などで耕作できない場合は、残りの四軒で耕作し田地が荒れないようにする。

農業耕作の相互扶助を五人組の役割としているのは、天和元年（一六八一）の秋田・佐竹氏領の「百姓御仕置帳」にもみられる。

その一郷の百姓ども、ならびに田の百姓、五人組にして、朝夕の農事、朝に出で夕に帰る事を申し合わせ相勤むべし、

つまり五人組で申し合わせて農業に出精せよという。これは領主側の命令であるから、実際はどうだったか、という疑問が残るが、次の貞享元年（一六八四）の相模国津久井県（郡）沢井村の五人組帳では、五人組での耕作扶助など三ヵ条を堅く守り、もし違反すれば処罰してもらってもよいとの請書をだしている。それには五人組別にそれぞれ印鑑を押している。印鑑は紛失すると村役人に届けるほど、本人を証明する役割をもつ。

江戸時代初期には五人組一札に血判して領主に提出しているケースもある（信濃国飯田領）。

また寛文二年（一六六二）、相模国足柄下郡堀の内村の「五人組定書」の条文に、「五人組の入り申さず候者、郷中に置き申しまじく候事」とある。これは五人組相互のとりきめで、五人組に入っていない者は村に居住させない。つまり村八分《はちぶ》である。これは五人組に入らなければ村に住めない事実を示すものである。

村に領地をもつ旗本も五人組を重視していた。相模国高座郡宮山村を知行所とする旗本杉浦氏の「村々申し渡し条目」の一文を示す。

五人組の儀肝要の第一なり、組中は親子兄弟の思いをなし、内外ともに隠し事なく申し合わせ、朝夕渡世・盗賊・火の用心・田畑拵《こしらえ》・こやし・種類など組中に相談致し、

「組中」は「親子兄弟」のように仲好くというが、耕地を少しでも荒したならば、「組中・組頭」まで処罰するとしている。

五人組は領主側から強制されたものであるが、村の共同体として機能しているのである。

次に村法から五人組の活動の様子をみよう。村法は村の自治を示すとりきめである。史料は天保四年（一八三三）、陸奥国伊達郡小島村の「村定《さだめ》」である。一文を紹介する。

当年違作（不作）に付き、田畑作物など盗み取り候者これあり候趣相聞え候、これに依り組々夜番相廻し申し候以来、右躰《てい》のもの見付け次第その品により過料差し出させ、その上、人前に出で候節は赤頭布《あかずきん》をかむせ申す筈に相定め申し候（中略）勿論、その五人組中にも定法の過料差し出させ申すべく候、

作物を盗む者がいるので、五人組ごとに夜番をだすとりきめである。因に、この「村定」の末尾に五人組四組が連名で署名している。

今度は「五人組掟書」という史料をみよう。

これは五人組のあいだでのきまりごとなので、五人組一札・五人組前書《まえがき》のように領主に対しての請書ではなく、自治的に機能していることを示す文書である。要点的にまとめてみる。

（1）五人組の内はたがいに気をつけ、組内に心得違いの者がおれば、「頭分《かしらぶん》」（五人組頭）に相談する。

（２）二月の神事の七日前と十一月十八日の二回、組の百姓が集まって、幕府の法令や村役人からの通達を知ること。
（３）諸事について何事によらず「頭分」と相談し村役人に届け出でをすること。

この文書の末尾には六十五人が連署捺印し、宛名は「村役人衆中・五人組頭衆中」となっている。

五人組が実際に機能している例を、紀伊・徳川家領からもみてみよう。紀伊・徳川家は幕府の施行した五人組を遵守している。史料は元禄十一年（一六九八）、大畑才蔵の覚書の「五人組組合申し付け候」である。六ヵ条あるが、五人組が実際に機能している具体例として、特徴のある文書を示す。

（A）「嫁取り聟取り仏寺弔いの節も五人（組）の者出合い互いに見届くべき事」
（B）「百姓に似合わざる男だて（伊達）をいたし、高未進又は分限にすぎ、借金など仕るべく体に候はば、五人組の仲間として異見致し」
（C）「分限に不相応の借金仕りなし候はば、残る四人の者どもへかかり返済すべき事」
（D）「訴訟の事これ有る時、一人として罷り出でまじき候、五人組相談を遂げ多分の道理にまかせ、本人一人と五人組の頭《かしら》庄屋に達し差図を受け罷り出るべき事」

このなかで、「嫁取り聟取り仏寺弔い」の祝儀・不祝儀に五人組が立ち会う事実については、在方《ざいかた》（村・町）の史料にもよくでてくるので間違いない。五人組のうち不相応の借金があれば残る四軒が返済すべしとの件は、実行されたか今のところ不明である。前述したように、組は相互扶助ができるように編成されているから、残る四軒で弁済したのであろう。

次に豊後国《ぶんご》（大分県）の臼杵《うすき》・稲葉氏領の寛政四年（一七九二）「久保村御条目」をあげる。「組合心得の事」として二十九ヵ条もある。領主側が五人組に何を要求しているかが具体的にわかる。要点を第23表にまとめた。

全体的にみて、五人組を介して農民生活の維持・秩序に関する細々とした規制をしているのにおどろく。たとえば

第23表

No	内　　　　容
1	忠孝の道、家内和順を第一に
2	独身の者に対して救助の心がまえをもつこと
3	組合のなかで実子なき者は組合の子を養子にとり、組合の子は銘銘の子同然に心得る
4	組合のある家で争論が起こった場合は、残る組合の者がかけつけ鎮めること
5	子供の育て方について議論する（富裕人と貧乏人の子とでは育て方がちがうので）
6	他の組の家で口論する者があれば、早速かけつけ穏便に済ませるようにする
7	組内で死者がでたとき、万事の世話・差図は組合でおこなう
8	病気で農業できない家の田畑は残る組合が引き受けること
9	家の維持が困難のとき、組合の者が再建について話し合う
10	家族が多くて生活困難な場合、組合の者は自分のことと心得、寄り合って工面する
11	喧嘩口論をつつしむ。非道のことをいってきたら組合に相談する
12	他領の困窮者が村内に入り非法な行為があっても暴力を使ってはならないよく話を聞き村役人に知らせ、侵入者を村境まで送る
13	神社を尊敬し無益な殺生をしない
14	他領へ稼ぎに行く者は争論をつつしみ、「非道な金銀」を持ち帰れば組合まで処罰
15	理由なく女房を離縁して自分の好みの女性を家に入れたり、「不仁不義」は組合まで重罪となる
16	養子の離縁については組合の差図にまかせる
17	夫をきらい武家奉公してその権威でむりやりに離婚する者がおれば吟味の上、組合処罰
18	新田として開発できそうな土地があれば申し出ること
19	絶家を起こし生活困難な家を介助するよう寄り合って評議する
20	徒党制禁の高札を読めない者に、組合で読める者が禁止の内容を説明してやる
21	近年、車連判をして訴えを通そうとする動きがあるが、これは重罪になるから組合で吟味
22	寺に過分の奉加金を出した檀（だん）家が功に誇り寺に対して無礼な振舞をしない
23	小作地の田地を保全できないので地主が小作地を貸さない状況があるが、そのさい五人組が請人（保証人）になって、小作関係を続けさせるよう努力する
24	武家奉公人に不届き者がおれば組合まで咎があるので、組合がよく観察すること
25	他領とのあいだに秣（まぐさ）・薪などで争論のさい、先方で非道な申し分があれば組合で内談する
26	「学文」に志の者のなかで、みだりに人を侮り、高慢な者がおり、組合の意見を用いなければ申し出る
27	武家奉公人が主人の威光を背景に、村役人や組合の意見を用いなければ反省させる
28	土地の産物は「御城下」で売払い他領へ売らない、領国の利益にならないから
29	総じて組合の手に余るようであれば、「向組」より相互に助け合うこと

〈No5〉貧富の階層の子供の育て方を議論させるとか、〈No15・No17〉の離縁における「不仁不義」（仁義）を守らせるなどである。仁義は人の踏みおこなうべき道で、〈No1〉に代表される武士の生活規範を農民におしつけているといえる。

そのことの意味はさておいて、五人組の存在に領主側が期待しているのは、農民の生活維持・秩序のために果す五人組の役割または機能である。

〈生活維持〉

これについては〈No2・7・8・9・10・18・19・23・29〉があげられる。みると五人組の主要な役割は相互扶助にあるとしている。なかでも切実な問題となっているのは〈No23〉である。これは小作人が田地を保全できないので、地主側は小作地を貸さないため、五人組が保証人になって小作関係を続けさせよという。五人組は生活の維持に必要な組織になっているのである。

〈生活秩序〉

これについては〈No4・11・12・20・21・24・25・26・27〉があげられる。なかでも〈No20〉の徒党制禁止の高札を読めない者がいたら読める者が内容を説明してやる、〈No23〉の車連判で百姓一揆を起こそうとする動きの監視などである。日常的に喧嘩口論の仲裁がある。

〈生活協同体〉

「組合心得の事」二十九ヵ条を読むと、五人組が生活協同体のように位置づけられているように思われる。たとえば〈No3〉のように組合の子は自分の子と同様に心得えよとか、〈No7〉の死者がでたとき埋葬など万事の世話・差図は組合でおこなうとか、〈No10〉の生活困難な家については、組合の者は自分のことと心得、寄り合って工面することなどである。

紀伊・徳川家領において、このような「組合心得の事」によって五人組を強化しようとしたのは、何か改革と関連があったようである。文書の次の一文をみよう。

近代在中に潰家《つぶれや》多くこれ有る儀甚だ御苦労思し召され候に付き、この度、御修法《しゅほう》御改め永々、潰家これ無く様、上下一和の志を励まし救け合い候て、子孫栄久に仕る様成され候、

「近代」とはこの条目が出された寛政期以前のことで、天明の大飢饉以来、国内の農村の荒廃が進み、「潰家」（潰百姓）が多い情況であった。寛政改革で知られた幕府の老中松平定信は「宇下人言《うげのひとこと》」で次のように述べている。

いま関東のちかき村々、荒地多く出来たり、ようよう村には名主ひとりのこり、その外はみな江戸へ出ぬというがごとく、

村には名主一人残っているのみとはオーバーな表現ではあるが、天明期から寛政期にかけて田畑に荒地がめだっているのは事実である。土地の値段が安くなり、質地入れの条件が悪くなってことを示す史料もある。同書には、天明六年（一七八六）に全国の人別改め（人口調査）をしたところ、安永九年（一七八〇）とくらべて一四〇万人減少したと記されている。この人数は死亡者ではなく、帳外《ちょうはずれ》とか出家・山伏《やまぶし》とか無宿になったという。

帳外とは、江戸時代中期以後、村を欠落した人、素行が悪かったため親・親類より勘当にあった者を称した。帳外・無宿は宗門人別帳（戸籍）から除かれる。幕府の人口調査は同帳から数字をだすので、村・町の人口が減ったことになる。欠落は農業経営が不可能となるか、年貢が納められなくなって村を離れることをいう。「潰家」は家の名義は残るが（潰百姓株）、宗門人別帳からは除籍になるのでその分、村の人口は減るのである。

以上から「久保村御条目」にある「潰家」は当時の日本国内の一般的現象で、大名領主にとっては年貢取り立てのうえで由々しき問題であった。そのため村から「潰家」をださないために、五人組内部の結合、とくに相互扶助の精神を

教諭する必要があったのであろう。この時期かどうか失念したが、五人組が機能しなくなって強化していることを示す史料があった。機会があれば検証したいが今はそのていどにとどめておく。

さて五人組が生活協同体の面があることを述べたが、年貢・諸役などの諸帳面の記載が五人組別になっていることを指摘してみたい。史料はかつて著者が調査したことのある相模国津久井郡（現・神奈川県相模原市）諸村の五人組関係の諸帳面である。たとえば村の共同体的な慣行である「入会山雑木伐小前割渡帳」・「三社神楽堂普請諸掛帳」・「大山勧化村内取極帳」など、諸経費の割当て、徴収が五人組ごとになっている。五人組別になっている諸帳面をまとめたのが第23・24・25表である。村ではいろいろの帳面が作成されていることがわかるが、これが五人組別でどの帳面も組数が変らない。ということは、五人組以外の集団があって、それが割当・徴収の単位になっている事実はない、ということになる。五人組は村行政の、生活協同の単位として機能していたことが明らかである。

第23表

年　代	史　料　名	組　数
寛政１年	入会山雑木伐小前割渡帳	11
寛政10年	夫銭割合小前帳	11
文化６年	名　寄　帳	11
文化10年	田畑年貢勘定帳	11
文化11年	国役金取立鑑帳	11
文化12年	上納漆斗立帳	11
慶応４年	五人組書上帳	※15

※五人組が一五組あることは一一組の中から四組が五人組として分岐したからである。

第24表

年　代	史　料　名	組　数
享和３年	貯穀小前取集帳	6
天保７年	村掟に於ける組	6
安政３年	三社神楽堂普請諸掛帳	6
慶応４年	御伝馬人足控	6
慶応４年	御物成請取帳	6
明治７年	夫銭家高割合連印帳	6

第25表

年　代	史料名	組　数
文政３年	道普請勧化取立帳	18
文政５年	名主方江助力借用金割出帳	18
天保７年	名　寄　帳	18
天保７年	年貢割付帳	18
天保９年	漆斗立小前帳	18
天保12年	大山勧化村内取極帳	18
天保14年	貯穀書上帳	18
安政６年	伝馬金定使給組々取立帳	18
不明	名主退役願の連判証文	18

第九章　連帯責任制

現代の日本において銀行から金を借りるとか、借家契約をする場合、保証人を立てなければならない。この場合、親族・友人・知人などが保証人となるが、江戸時代では長《おさ》百姓・五人組・親類が保証人となる。本人と保証人は連帯責任で、保証人は負債を負わなければならない。現在の連帯責任制は江戸時代にさかのぼるのである。

年貢の弁納

まず年貢納入上の連帯責任制について述べよう。

幕府はじめ武家領主にとって農民は宝のような存在であった。江戸時代の初期、領主たちの治政上の心がまえを説いた『本佐録』に、「百姓は天下の根本也、飢えず寒えず、困窮せぬごとく養うべし」とある。もちろんその本音は百姓は年貢を納める宝であるから「国の本」といったまでで、農民は対等の人格として尊重したうえでのことばではない。その証拠に『本佐録』は「百姓は財の余らぬように治る事道なり」とも記している。寛永年間、儒学者として知られた熊沢蕃山はその文言を解釈して、年貢の取り立てが少ないと「民遊び」、「楽を好み」、耕作を怠るとし、多いと飢える状態になると述べている。

当時の支配階級からすれば、「百姓」は年中、土地に縛りつけおくべき存在（いわゆる農奴）であった。農民は年貢を納める「納民」でしかなかったのである。

ところで、農民は個別的に年貢を納めるのではなく、村単位で納入する。これを村請制といっている。領主は村あてにその年の年貢の額を村の代表である名主（庄屋）に渡す。名主は村人の持つ田畑の生産高（石高）に一定の賦課率にもとづき家ごとの納入高をきめる。これに関して、寛永三年（一六二六）、美濃国多芸郡押越村に次のような史料がある。

右の通りに御請（五〇四石余）申し上ぐうえは、失人《うせびと》（村から逃げた人）・死人又は成らざる百姓御座候とも、惣請《そううけ》の儀に御座候あいだ、来たる十月二十日以前に、一粒も残らず御皆済（納入）仕るべく候、

おしこし村

兵左衛門（花押）

他六名　（花押）

御勘（定）所

内容は年貢納入高が五〇四石余で、村から逃亡した者（欠落）、亡くなった者がいたとしても、惣請―村の連帯責任ですべて納入するという。署名者は村の長百姓で自分たちの責任で皆納することを約束したのである。おそらくかれらが未納者の分を負担することがあったのであろう。

今一つ惣請の史料をあげておこう。

備中国《びっちゅう》（岡山県）の岡田・伊東氏の領地が美濃国にもあって、寛永九年（一六三二）、重臣の若狭長昌が次のような

「年貢申付状」をだしている。

尚以って、右の走申す百姓、随分相尋ね、急度、成敗仕るべく候、以上、沓井村の内、未進おい（負い）の百姓二人走り申し候由申し越し候、何も惣請相（合）の儀候あいだ、かの者引き取り分の田畑、百姓中へ相渡し、その上、未進米惣中より取り申すべく候、

内容は村から欠落した百姓が二人いるようだが、惣請であるから、未進米（納入していない年貢米）は村の責任で納めさせるべしとしている。村が責任をもって完納する、これを惣請、つまり村請である。

ところが五人組が組織されてからは、年貢を納めないで村から逃亡する欠落者については惣請でなく、五人組が弁納するようになる。次の史料は正保四年（一六四七）、美濃国多芸郡押越村における五人組による年貢請負の一札である。

一、当御物成《ものなり》（年貢）の儀、御免定（年貢高）日限の通り皆済申すべく候、もし相延び申し候はば五人組に仰せ付けられるべく候、

一、百姓欠落申し候はば五人の内残る四人に仰せ付けられるべく候、

文書の末尾に五人組ごとに連印している。欠落百姓の年貢は惣請ではなく、五人組で納入するのである。明和五年（一七六八）、武蔵国小川新田の村中連判帳には、年貢を納められない者があれば、「五人組にて先ず当日弁納仕るべき申し候」とある。弁納の弁についていては、寛文三年（一六六三）、美濃国の東改田村の年貢請状に、「不足米御座候とも、五人組は申すに及ばず、惣百姓として急度、弁《わきまえ》、御勘定申し上ぐべき候」とある。この場合の「弁」は不足米をつぐなう

という意味になる。

次に年貢の弁納ではないが、借金で妻子を引き連れて欠落したので、「五人組・親類の者一同割賦《わっぷ》願い候あいだ」とある。割賦とは、支払いを何回かに分けてわりふることをいう。つまり五人組の者で払い額をきめて、分割して借金を返そうというわけである。五人組の仲間が大きな借金をして村から欠落したので、残りの組仲間が貸主に弁納する。おそらく借金証文に五人組が加判しているので、連帯責任で弁納せざるをえなかったのである。

今一つ、旗本領での例をみてみよう。

文政八年（一八二五）、武蔵国入間郡三ヶ嶋村の藤助の「組合」（五人組）の平左衛門・長右衛門・源助が連名で、名主・組頭へあてた「御請一札」がある。それには組合の藤助が病気ということで借財があり、年貢が納入できないので、借財は家作を抵当に入れ、所持の畑は組合で引きうけ、年貢そのほかを納めるとある。

以上のように、幕府・大名・旗本など領主は、年貢未納のため村から逃げた百姓の屋敷・田畑を取りあげないで、五人組に弁納させたのである。とくに幕府領ではそれが一般的であるが、組の編成で指摘したように、所持高が零細な百姓ばかりで組が編成されていると弁納できないので、この場合は惣請か村役人で弁納したものと思われる。また五人組制度が定着していない外様大名領では、別の弁納の方法が用いられているかもしれず、これについて今後の課題としたい。

質地・土地売買の連帯責任

年貢を納められないときは、連帯責任で五人組が弁納したが、質地入れや土地売買は五人組の保証が必要であった。何か問題が起こったときは五人組が連帯責任を負わなければならなかった。寛文六年（一六六六）、幕府は田畑質入れのさい、五人組を質入れ主の保証人として加判せしめることになった。御勘定下知状に次のようにある。

田畑永代に売買すべからず、屋敷ならびに田畑質物に預け申す儀これ有らば、名主・五人組手形に加判仕り、雙《そう》方より証文取り替わし、

手形とは証文で名主だけでなく五人組も加判せよというのである。加判とは公文書に判を加えることで、たとえば江戸幕府の老中は加判衆と呼ばれる。老中の加判衆は法令・下知に連帯責任をもつことになる。ともあれ連帯責任者は加判人とされた。加判人の責任は田畑質入れのさい、のちにその件に何か難しいことが起これば、証文に「加判の者が急度、埒明け（かたをつける）」、とあり、質地を受け取った相手に迷惑をかけないとの一筆を入れている。

質地証文に五人組の加判が必要とする勘定所の下知状は、村方に達せられたようで、たとえば、武蔵国埼玉郡金右衛門新田村の延宝二年（一六七四）の質地証文に、「右の条々五人組ならびに親類ども相談の上、この如くしち（質）物に相渡し申し候」とあり、次のような連名がみられる。

地主　勘右衛門
組頭　新兵衛
組　喜兵衛
同　三右衛門
同　五右衛門
同　六左衛門
同　次兵衛

親類　弥兵衛
口《く》入《にゅう》　三左衛門

「組」とは五人組で「組頭」は五人組頭である。「口入」は斡旋《あっせん》人であろうか。あとで述べる古い土地売券にでてくるが、江戸時代を通じて質地証文にときどきみえる。

さて質地証文に五人組の加判を必要とした寛文六年の勘定所下知状以前に、土地売買証文に五人組の加判がみられる。一つは、明暦二年（一六五六）、信濃国福島宿の町人が所持する田地を永代に売り渡したときの証文である。

たとえお国替、徳清（政）入り申し候とも、以覧（違乱）申すまじく候、後日のため、五人組当町年寄衆頼み連判かくの如く候、
明暦二年
申ノ十月三日
地主　上町べに屋
又左衛門
五人くみ　与　作
同　惣右衛門
同　孫　助
同　太左衛門
口入　与右衛門
同　長左衛門
町年寄　彦兵衛

同　　次郎左衛門

これは福島宿の紅屋又左衛門が所持地の田畑を永代売した証文である。永代売りはもちろん禁じられているのだが徹底されていないとみえる。徳政は鎌倉時代からの古いことばで、時の権力者が賃借関係の破棄を命ずる場合があった。江戸時代に入るとこのことばは使われなくなるが、幕府は徳政に似た棄捐令をだしている。それはさておき、永代売りの証文に宿場の五人組が加判しているのである。

今一つは下知状が出た前年の寛文五年の、武蔵国多摩郡粕谷村の永代売渡し田畑証文には次のような連名がみられる。

かすや名主
　伊右衛門㊞
五人組
　惣左衛門㊞
　権右衛門㊞
地　主
　六　兵　衛㊞

以上のように質地証文や田畑永代売り証文に五人組が加判する連帯責任のかたちがあったが、これ以前はどうであったか。江戸時代以前の戦国時代末期の売券をみると、売主とならんで口入の名前がある。口入に連帯保証の責任があったかどうか不明である。

江戸時代初期の様子をみると、慶長十四年（一六〇九）の越前国大野領の田畑譲り状の加判人には「しょけう人」（証拠人）という肩書がある。保証人と考えてよい。多分、村の有力者であったのであろう。寛永十一年（一六三四）の永代山売渡し証文には、売主意外に三人の加判がありこれは花押の判である。本文には何か問題が生じた場合、「同名」として責任をもつとあるので、おそらく同族の有力農民が保証人となったと考えられる。

ところで加判がすべて口入の肩書がある田地の永代売証文がある。寛永十四年（一六三七）、相模国愛甲郡恩名村の史料である。一部省略して示す。

永大（代）に我等田地渡し申す手形の事

一、丑の御年貢たり（足り）申さず候あいだ丑の御年貢の御蔵へ納め申す処実正なり、これに仍って我等田地永代に渡し申す所実なり、

寛永十四年

丑の十二月二十八日

主　善左衛門（花押）

口入　久右衛門㊞

同　作左衛門㊞

同　庄二郎㊞

同　久兵衛㊞

同　次右衛門㊞

同　彦右衛門（花押）

同　久作（花押）

同　八蔵

この証文は年貢納入に不足があって所持の田地を永代売りにしたのである。口入が八人も加判しているが、この場合の口入は連帯証人であろう。花押での署名もみられるから、長百姓たちであったか。

質地証文に五人組の加判を必要とする幕法がだされたのは寛文六年であったが、そのご元禄期にいたるまで一般化しなかったようで、保証人の肩書には「証人」と記している場合が多い。そして「証人」の数は四人、五人、十人とかで連帯保証のかたちをとっている。このなかには「長百姓」の肩書で加判している証文もある。「証人」として加判しているのは有力百姓であったのであろう。

元禄期以降、江戸時代中・後期になると、質地証文に五人組が加判するのが一般的になるが、町場の者が田・屋敷の売買を五人組に相談している様子を紹介しておこう。宝永六年（一七〇九）、越前国（新潟県）の新発田・溝口氏領の女池新田の佐右衛門が田畑屋敷を同村の角兵衛に売ったさいの証文がある。

（1）町場の者で農業が不得手だから、五人組と相談して田畑・家屋敷を角兵衛に売った。

（2）代金二十三両を受け取り、本国新潟町に帰ることになり許可を得た。

（3）この田地については問題はない。

（4）売り渡し証文に五人組・御役人の判をもらった。

そして証文の末尾に佐右衛門の五人組四人と組頭が四人、そして名主が連印している。この場合の組頭は村役人である。

次に宿場の例をあげておこう。享保十八年（一七三三）、南品川四丁目の清三郎後家が「表口五間半（約十メートル）裏の町並の家屋敷田畑」を権兵衛に売り渡し、礼金として五十七両を受け取り後日のため、名主・問屋・年寄・五人組（四人）の加判証文を差しだしている。以下、五人組加判の例をいくつかあげる。

安永六年（一七七七）、武蔵国山崎村の喜兵衛が、欠落した弟三五郎の畑が流地になったので、代地として畑を組中に預けるから、三五郎が村に帰ってきたら渡してもらいたい、という趣旨の証文がある。屋敷一畝二十四歩下々畑二畝四歩の土地で、これに五人組・親類が加判している。五人組が連帯して組仲間の土地を管理しているのである。

加判人には五人組・親類のほかに村役人も併記されている例がある。文政十一年（一八二八）、武蔵国荏原郡下中延村の鉄五郎の家屋敷畑譲渡《ゆずりわたし》証文の加判人は次のようである。

譲り主　鉄五郎
親類惣代　助右衛門
組合惣代　半七
百姓代　宗助
年寄　源太郎
同　兵蔵
名主　庄蔵

組合惣代とは五人組頭である。百姓代は本百姓中からえらばれ年貢小割・村入用小割などに立ち会う、総じて名主・組頭（年寄）の村政運営を監視する役割で、三者を村方三役・村役人といった。連帯保証人としては完璧である。

前記の幕法では保証人は名主・五人組の加判でよいとしているが、これは原則である。村方三役までが加判するのは、たとえば水呑百姓や零細農民だけで組み合わされている五人組が加判していても、質取り主は信用しないからではないか。

そこで五人組だけが加判している例をあげる。天保八年（一八三七）、相模国足柄上郡塚原村の繁蔵の質地証文で全文をあげておこう。

質地証文の事

一、下地分《したじぶん》下田四畝十二歩　一、同所同八畝八歩　一、同所同一反二畝七歩

一、同所同五畝二十五歩　一、同所同二十八歩

五筆〆三反一畝二十歩

此《この》質代金十両也《なり》

右は当酉御年貢未進に相成り、皆済相成らず候に付き、右の田地質物に差し入れ右の金子借用仕り、御年貢皆済仕り候処実正に御座候、然る上は来たる戌年より其許《そこもと》にて御勝手次第、御手作《てづくり》成さるべく候、か様取定め申し候上は、右の田地に相掛り候御年貢・諸御役・高掛りなどに至る迄、其許にて御勤《つとめ》成さるべく候、尤《もっと》も、右質代金相調い返済申し候はば、何時成りとも相違なく御返し成らるべく候、後日のため、質地証文五人組加判仍ってくだんの如し、

天保八丁酉年　塚原村

十二月　借主

繁　蔵㊞

五人組

清左衛門㊞

曽比村
与右衛門殿

これは典型的な質地証文である。内容をまとめると次のようになる。

(1)年貢を納められないので、田地を質に入れて金子を借用したい。

(2)この質地を直接、耕作しようと小作に出そうと質取り主の自由である。繁蔵の場合は別に小作証文を出しているので小作地になっている。直小作という。

(3)年貢は質取り主から納入する。もっとも小作料には年貢の分も入っているのが通例で、これを頼納という。

(4)質代金を返済すれば田地は返してもらえる。普通は年季をつける場合が多い。

(5)後日のために質地証文に五人組の加判をもらっておいた。

ところで五人組が加判しただけで信頼できるかで、次のようなケースがある。

慶応二年(一八六六)、相模国足柄上郡金子村の武右衛門が同村の権四郎から先年、田地を買ったが「請返し」になったので、買い受けたときの証文を返さなければならないところ、証文がみつからないので、熟談のうえ、地代金二両で田地を返した始末となった。今後、証文がみつかったとしても、それは反故とするので、当人と親類・五人組が加判したが、そのうえに次のような文言が付け加えられた。

前書の通り相違これ無くに付き、奥印仍ってくだんの如し、

金子村
組　頭　市郎左衛門

同　　四郎兵衛

小動村

　次兵衛殿

このように村役人の組頭が重ねて保証している。これはおそらく相手の権四郎からの要求があったからであろう。最後に家の売買の史料を紹介しておこう。嘉永七年（一八五四）、相模国高座郡遠藤村の市兵衛が前記の小動村の次兵衛に「家作」を売渡したときの証文を示す。

売渡し申す証文の事

一、家作一ツ　　但し戸棚付き

戸　　二十四本

大戸　　二　本

障子　　二　本

障子　　六　本

床　　八　状

〆

代金十四両一分二朱なり

内金二両なり　受け取り申し候

右の通り売渡し申し候処実正なり、且つ右引取の節、残金十二両一分二朱なり、御調達下さるべく候、この家財に付

き脇より少しも構《かまえ》申す者御座無く候、後日のため家作売渡し加判一札、仍ってくだんの如し、

嘉永七年寅三月日

遠藤村
当　人　市兵衛㊞
組合惣代　長左衛門㊞

小動村
次兵衛殿

この証文は現代の不動産取引の連帯保証人の原型といえよう。ここでの連帯保証人は組合惣代（五人組頭）である。

家の相続と五人組

江戸時代の農民・町民が家を相続する場合、いろいろと諸条件があった。たとえば、元禄十一年（一六九八）、丹波国桑田郡の領主の法度書に、跡目相続に関し次のような規定がみられる。

百姓五十歳に及ぶまで跡目相続のもの、しかと見受け申さず候はば、庄屋・年寄・五人組の者立合い存念聞き届け申すべく候、存生《そんじょう》の申し顕れ候義気の毒に存じ候はば、譲状相認めそのもの封印にて庄屋方に取り置き相果て候、以後、庄屋・年寄・五人組・親類どもまで立合い、その趣に任すべく候、五十歳以下のもの相果て、跡目相決めず候はば、男女によらず男女筋目を正し、役人へ相達し左図を受け跡目相続仕るべく候、

これによると、五十歳まで独身のものは、その事情を村役人・五人組が聞きそのうえで譲り状（遺言状）を書かせる。そしてそれは封印したままでその本人が死去したあと、村役人・五人組・親類立ち会いのもとで遺言の内容にまかせる。五十歳以下の者で死去し跡目を決めていないようであれば、筋目を正し、村役人の差図を受けて相続すると定めている。

町民の場合については、慶安五年（一六五二）、鳥取・池田氏領の町方法度に次のような条文がある。

町人養子ならび後家入り仕り候義、その町の目代・町年寄を以って町奉行へ相断わるべし、付けたり、跡目の遺言書物これ無くば相立てべからず、もし書置き成らざる時は、その町の目代、五人組へ申し置き、遺言の通り書き付け、目代・五人組連判仕り、これまた右同前に相断わるべきの事、

幕府の寛文二年（一六六二）の法度にも、「町中の家持」は「存生」のうちに遺言状を書き、それに町の名主・五人組が加判するとある。以上、町民の跡目相続の場合、遺言または遺言書を欠いてはならないとし、公開には五人組が立ち会っている。これ以外、一般的にはどうであろう。

文化五年（一八〇八）、下総国海上郡大間手村五人組帳に「百姓跡式の儀は常々相決め、名主・組頭・五人組へ兼々、申し届け置くべき候」とある。つまり、相続者を平常から決めておき、まずは日常的に交際している五人組には知らせておく。そこで五人組頭から村役人の組頭・名主に、相続する家族の名前が届けられることになる。また相続人が名前を改めるときは、「組合を以って名主まで申し出で、御地頭所（旗本）御役所へ御訴え申し上げ」、「印判の儀自分勝手に替え申すまじく候」とある。相続がきまると、幼名から成人の名前に変るので五人組から名主に届けること、印鑑は勝手に替えることはできないとしている。現代でも実印を替える場合は届け出でしなければならない。

農民の家の相続は領主側にとって関心事である。とくに欠落百姓・潰百姓がでると、年貢負担者がその分減ることに

なるから、なんとか家を再興させなければならない。

まず欠落百姓の家の場合をみてみよう。

宝暦七年（一七五七）、相模国高座郡大蔵村の佐兵衛が、甥で小動村の長兵衛について次のような一札をだしている。

（1）長兵衛が欠落したので五人組で行方を探したがみつからない。

（2）長兵衛は年貢・諸役を納めていないので、質地の取り主から上納してもらい、家財道具は村で処分する。

（3）長兵衛の子八百八は十一歳になるが、将来は百姓になるよう育てたい。これについて佐兵衛の五人組や村役人衆へ願っている。

すなわち、八百八が成長して一人前の百姓になれば、小動村に戻させるような文書である。一札の連印には小動村の五人組三人と証人六人、それに百姓代が加判している。

ここで江戸時代の農政書として知られている「地方凡例録」の説を参考にしてみたい。まず、欠落百姓の家を相続しないときの措置については、建家・家財は入札で処分し、年貢の未納があればその分は村役人に委託し、田畑は村惣作《そうさく》（村中で耕作）する。もし欠落人が村に戻り悪事をしていなければ、「元地主」（欠落人）へ渡す。もっとも、惣作をおこなう前に五人組が耕作すべしとしているが、零細な百姓ばかりで余力がない場合は惣作にすべしという。

なお同書には、「古来は無罪の者にても、欠落をなし跡株相続人なきときは、田畑家屋敷とも領主・地頭へ取り上げたる由なれども、近例には欠落人の株式を取り上げたること相止み、前条の趣にて取計」るとある。「株式」とは百姓株のことで村の居住権といってよい。要するに領主が勝手に百姓の田畑を取り上げられなくなった事実を示している。

次に潰百姓の家の存続についての例をあげる。宝暦八年（一七五八）、相模国高座郡座間四ッ谷村の平四郎が、中戸田村の潰百姓の跡式を継いだが、生活が苦しくなり帰村した一件がある。このとき中戸田村の五人組と村役人が加判して領主に願い出て許可を求めている。

終りに水呑百姓が本百姓の屋敷の一部を与えられ、五人組が加判しているケースをみよう。文政十三年（一八三〇）、相模国高座郡菖蒲村の「御屋敷坪割遣し控」の一部に次のような記載がある。

屋敷一畝二十九歩　　忠兵衛名請
　　　　　　　　　　伴六貰請《もらいうけ》
　譲　主　　忠　兵　衛㊞
　五人組　　二郎兵衛
　口　入　　平左衛門

伴六が忠兵衛の屋敷二十九坪を貰い受けたのである。史料では「無田百姓」とある。水呑百姓は本百姓ではないから、屋敷地を与えられても、「本小百姓中」とは心得ていないと記されている。しかし前にふれたように、水呑百姓も本百姓と同様、五人組に編成されているから五人組が加判しているのであろう。

以上、年貢、質・売地、相続に五人組がどのように関与したかをみてきた。そこから現代日本の連帯責任、もしくは連帯保証の慣行が江戸時代にさかのぼることがわかった。とくに、その中心に五人組という生活協同体が存在していたことも明らかになったと思う。

第十章　村の生活と五人組

村の生活に五人組がどのようにかかわりあっているか、ここであらためてとりあげる。まず村がどのように運営されているかをみよう。

村の政治をおこなうのは名主・組頭・百姓代の村方三役で、江戸時代中期以降は村役人である。名主は地方によって庄屋、組頭は年寄とも呼ばれている。百姓代については前に述べたが大体、元禄期以降、成立する。この村方三役の呼称は関東周辺に一般的だが、地方の大名領では独自の呼び方がある。

それはともかく村の政治の様子をみよう。名主についてはよく知られているので、組頭と五人組頭のちがいから村の運営のありかたをみてみたい。

組頭と五人組

まず組頭については、江戸時代の農書の『地方凡例録』に次のように説明されている。

組頭と言うは、元来、五人組の頭分《かしらぶん》を致し、今は百姓の内筆算致し、人品《ひとがら》宜しく、高（土地所地高）も相応に持ち用立つべき者を、村の大小に依りて五人三人充（宛）《ずつ》、入札か又は総百姓相談などにて極め置き、名主の下役にして領主・地頭の用向ならびに村用をも勤む、

この説によると、村役人の組頭は「元来」五人組頭であるという。しかし同説は検討される必要がある。筆者がかつて調査した神奈川県津久井郡（現、相模原市）の沢井村の史料のうち、江戸時代前期の延宝年間の諸帳面に記されている組頭と五人組頭の名前と組数調べてみると、次のような結果がでた。

（一）延宝四年・年貢延納願の組頭

（二）延宝七年・公儀賄入用帳の組頭

（三）延宝九年・五人組書上帳の五人組頭

（一）の組頭は六人、（二）は十三人で、このうち（三）の五人組頭と一致するのは（一）で二人、（二）で四人である。すなわち組頭と五人組頭は一致しない方が多い。五人組頭は「元来」、組頭ではなかったといえる。

次に（一）と（二）の組頭の数のちがいをどう考えるか。（一）の年貢延納願に名主と一緒に連印した組頭は村役人の立場にある。おそらく村の草分百姓《くさわけ》といわれる旧家であろう。組頭は地域によって年寄といわれるが、村の長老格なのである。（二）の組頭については「公儀賄入用帳」の記載を示す。

一、十三石四斗七升四合　伝右衛門ぐみ

一、七石九升一合　かげゆぐみ（勘解由）

一、十六石五斗九合　作左衛門ぐみ

一、十七石三斗九升四合　甚兵衛ぐみ

この人名の組は領主階級の設定した五人組とは別の、江戸時代初期に家々が連合した地縁的な結合体であったと思え

る。組頭はこの共同体の長だが、村役人の組頭と即、一致しないが兼帯している組頭もいる。この（二）の組は（三）の五人組になったものと思われるが、名前の一致するのは四人であるから、別の編成であったか。

村役人の呼称は江戸時代中・後期からのようである。たとえば安政二年（一八五五）、相模国愛甲郡恩名村の、大風雨による年貢の免除を願う文書に「村役人一同申し上げ奉り」とし、組頭・名主が署名している。単に組頭とする肩書は村役人である。

村役人である組頭は領主から任命される。恩名村の同五年（一八五八）、領主から組頭役を申し渡されている文書がある。

申し渡し書

その村方百姓清右衛門倅由太郎《せがれ》儀、風聞なども宜敷《よろしき》候に付き、この度格別の思召《おぼしめし》を以って、組頭役仰せ付けられ候に付き、万端差図請け相勤むべく候様、仰せ付けられ候、

以上

地頭所内　地頭印

安政五午年正月十日

大野幾右衛門

恩名村

組頭

由蔵へ

恩名村を知行所とする旗本（地頭）が、村の組頭を「組頭役」に任命しているのである。組頭・名主が領主の末端機構としての村役人に位置づけられている。因に同村では村方三役の百姓代も領主から任命されている。したがって村役人は五人組に編成されないのである。村役人が村政をおこなう場所を村方役所と呼ばれるが、実際は名主の屋敷で役宅ともいわれる。

そして興味深いのは、村役人の印形（印鑑）が捺印されている文書がある。

覚

一、稗五俵　五斗入　外に金一両渡す

右は書面の通り村方にて貧民の者どもへ救手当差し出し申し候処、奇特の至りに候、これに依り一札差し出し申し候、仍ってくだんの如し、

天保七年申十二月六日

下新井村
村役人㊞

同村
源左衛門殿

これは天保飢饉のさい、源左衛門という人が、貧民救済に稗五俵と金一両を合力したことに対し、村役人が受け取った一札である。名主・組頭・百姓代が別々に捺印せず、村役人のいわば法人格としての印が押されているのである。村役人の数は村の規模によって異なるが、一般的には名主一人、組頭（年寄）数人、百姓代一人で、村政はかれらの合議

制でおこなわれる。

さて、五人組・五人組頭は村方役所に付属する行政組織として機能しているのであって、五人組頭は基本的に村役人ではない。大名領によっては五人組の名称だが村役人の役職であるケースがあるが、一般的ではない。

五人組頭は組の代表であるから村の政治にかかわりをもつ。享保十二年（一七二七）、美濃国安八郡川口村では、名主を交替させるべき訴訟が大垣・戸田氏の役所に出された。同村は上組と下組に分かれ、それぞれに名主がいたが、上組名主が免職になったので、名主役にふさわしい人物を推せんすることになっていた。結局、下組の名主の兼帯にしてもらえるよう、五人組頭が連印して願いでたのである。ここには何故か、村役人の組頭が署名していない。

また同国天野郡秀嶋村では、元文四年（一七三九）、庄屋（名主）役の入札がおこなわれた。

甚左衛門の庄屋役仰せ付けられ候はば、私ども御請負申し上げるべく候、

（中略）

元文四未年八月二十五日

秀嶋村組頭　瀬兵衛㊞
同　伊助㊞
五人組頭　清七㊞
同　孫十郎㊞
（以下、五人組頭の十五人略す）

これによると、五人組頭の連署がなければ庄屋役になれなかったのである。今一つ、名主跡役についての史料を紹介

しておこう。安政六年（一八五九）、武蔵国入間郡北野村における議定書一札で全文を引用する。

当村名主役の儀はこれ迄、小平次殿相勤め来り候処、当正月中病死致され候に付き、跡役の儀は惣百姓役人一同相談仕り候処、組頭三人・右小平次悴藤七四人にて相勤め下され候様取りきめ、当未年の儀は元役宅に差し置き、組頭一同にて後見、戌年は半兵衛、亥年は藤七左の通り隔《かく》年番に相勤め候様、一同相談の上取きめ申し候処、違変申す者決して御座無く候、これに依り、議定連印致し置き候処、仍ってくだんの如し、

安政六未年正月日

組合惣代
小頭　源　蔵㊞
同　喜右衛門㊞
同　与　七㊞
同　四郎兵衛㊞
同　文右衛門㊞
同　兵左衛門㊞
同　七郎右衛門㊞
同　新五郎㊞
年番名主　藤　七㊞
組頭　五郎兵衛㊞
同　喜兵衛㊞

前書の通り相違御座無く候に付き、私ども立ち入り奥印致し置き候、

立入人

四給惣代　　組頭杢右衛門

同　　名主佐次右衛門

同村では名主の小平次が病死したので、皆で相談した結果、組頭三人と小平次の息子藤七が年番で勤めることに決定した。それで同年は藤七を組頭一同が後見し、次の年からは組頭が年番で勤めることになった。この取りきめについて、組合惣代として小頭八人が署名している。組合は五人組・小頭は五人組頭である。村役人に組頭がいるので小頭としたのであろう。五人組頭が惣百姓を代表するかたちをとったのである。

村の運営と五人組

五人組頭は村役人ではないとしたが、五人組頭が村役人を代行している珍しい例がある。これは明和期の相模国二宮村において、不正行為で名主・組頭が退役したので、当分のあいだ五人組頭が代役した。史料に「御公儀様御用の儀は申すに及ばず、村役・小役に至るまで相互に申し合わせ、遅々これ無く相勤め申すべく」とある。五人組頭は概して経済的に安定し、読み書きもできたであろうから、村役人の代役ができたのであろう。

これとは別の面で五人組が村の運営にかかわっている例がある。天保期のころ加賀百万石の前田氏の領分で、小作人が収穫した米については村役人と五人組が検分する。稲刈場では五人組が立ち会いのうえで俵に詰め、年貢米と作徳（地主の取り分）に分け、残りを小作人に渡すようにしている。村役人ばかりでなく五人組も立ち会っているのである。

以上のように村の運営に五人組が直接、かかわりあっている場合もあるが、生活上起こった問題、事件については、

五人組を通じて村役人の差図を受ける。いくつかケースをみよう。

〈ケース1〉

年貢を納めないままでいたところ、五人組を通じて督促があり、「組頭衆・五人組相頼み不調法の段達って御詫申」しあげるとし、五人組・組頭・親類の連印で名主に一札を入れている。この場合、当人に行状が悪いところがあって、それについては代官所に訴えないという取り引きがあった（明和期・武蔵国多摩郡小川村）。

〈ケース2〉

村役人にも五人組にも無断で他村へ家族一同引越した件については、村法違反であり、領主側の取り締りに反するので、「御支配御役所」に呼び出され吟味を受けた。それで「御立入人」を頼み詫《わ》びを入れ許された。そして今後は村役人の差図に従うという、五人組の連印の証文を提出した（安政期・相模国津久井郡上長竹村）。

〈ケース3〉

五人組の者が無断で他所に行き、「夜泊逗留」したので、宗門人別帳からはずし無宿者の取り扱いになるところ、今回は処分はないことになった。これについて「万一、以来、右不埒《ふらち》の儀見聞き及び申し候節は、早々、御届け申し上げるべく候」と、当人ほか五人組が連印して「名主中・組頭中」に証文をだしている。つまり五人組としては注意不十分で村役人に詫びを入れているのである（享和期・相模国曽我原村）。

〈ケース4〉

「御林山」（領主の山林）の「落葉《おちば》・下草《したくさ》」の利用を許されたことに対し、山の木は伐らない、苗木は育てるよう「組合一度急度相守り申すべく候」とし「預り人組頭」八人が連印のうえ、「年番御役人衆中」へ一札を入れている。落葉と下草は肥料になるから農民にとっては有難い。組合は五人組であるから「預り人組頭」は五人組頭であろう。「年番御役人」は年番名主・年番組頭で一年ずつ年番で勤める。年番の村役人に五人組頭から連印証文が出されている（文化期・

武蔵国入間郡三ヶ嶋村)。

〈ケース5〉

天保飢饉で節約について定めた村掟があちこちの村で作成されているが、そのなかに葬式についての条文がある。不幸があると、親類・組合・村役人が早速、立ち会って、お寺へ行って葬式のだんどりをする。そして葬式で呼ぶ人数は五人組の一人ずつに限り、それ以外の人数の料理は用意しなくともよいときめられた。各組から代表で一人出席するということである。この村掟は村役人が協議してまとめたようで、五人組が遵守するかたちであり、村は五人組を中心に自治的に運営されていた。

村の治安

五人組の主要な役割として警察的な機能がある。村には武士が居住せず、村は軍事力を持たないから、村の治安は村人の自衛で維持しなければならない。治安上の対象となるのは、牢人(浪人)・不審者・徒党(一揆)・博奕・盗人・出奔などである。

(1) 浪人

史料上では牢人だが一般的な浪人の用語を用いる。浪人は普通には大名の改易《かいえき》(とりつぶし)により他家に仕官できないまま、諸国を流浪する武士である。総数四十万人といわれ、幕府は「牢人払《はらい》」などきびしい取り締まりをおこなった。この浪人が村に入って農家に居住した場合、五人組は早速、名主に知らさなければならない。

明暦三年(一六五七)、相模国高座郡羽鳥村で浪人問題が起こった。同村の次左衛門の地内に八兵衛という浪人がいた。この浪人は隣村の辻堂村を追放されて羽鳥村に滞在して一、二ヵ月たっても退去しない。そこで「五人組方より度々断わり申し候えども罷り立たず、我がまま仕り候」との有様であった。仕方なく名主の八郎右衛門が八兵衛追放を代官に願った。浪人追放に五人組が直接、あたっているのである。

（2）不審者・徒者

丹波《たんば》国（兵庫県）の亀山・板倉氏の法度に、「村々、五人組仲間として不断吟味を遂げ、不審成もの又は徒成《いたずらなる》ものこれ有らば、早速、庄屋方へ相断わるべき事」とある。不審者・徒者とは疑わしいもの、ならずものである。五人組のなかで農業をしないで悪事をしている者がおれば届けよという。百姓一揆を起こそうとして集まっている者たちを徒者としている。陸奥国伊達郡茂庭村の「五人組御仕置掟書」に、「徒党を結び誓約をなし、常々、公事（訴訟）出入を好み、悪事に携わるものこれ有らば、申し出るべく候」とあり、もし隠したならば五人組まで罪になるとしている。ともあれ、何か村内で問題を起こそうとするような動きがあれば、五人組でよく監察すべしとする。

（3）博奕

博奕は博打とも書き、「ばくえき」とも読む。「日本書紀」に双六《すごろく》を用いておこなったという記録があり、鎌倉時代には闘茶の名目で、室町時代には宝引《ほうびき》がはやり、江戸時代になると宝引・丁半・かるた・富くじ・三笠付がはやった。この博奕が村社会に入ってきた時期は確定できないが、明暦二年（一六五六）の幕法に次のような記載がある。

> 関東中在々所々、御領（幕府領）・私領・寺社領ともに、毎年五人組堅く申し付くべく候、耕作・商売をも致さず、又は遠国へ切々相越す輩《ともがら》、博奕その外、賭《かけ》の諸勝負を好み、似合わざる衣類を着し、不審成る者これ有るにおいては早速申し出るべく候、

この法令によると、農業も商売もせず、あちこちの国へ行って博奕をする者がおり、異装の格好をしている者がいるという。博徒であろう。寛文六年（一六六六）の幕府の「御勘定所下知状」をみると、「博奕・ほうびき（宝引）、その

外、何事によらず、賭の諸勝負などこれを致すべからず」とある。宝引とは福引の一種で、数本の綱を束ねてそれを人に引かせ、木槌または橙《だいだい》の果実のついている綱を引き当てた者が勝ちを得る。宝引に賭ける銭《ぜに》を宝引銭といい博奕の一種である。

博奕の禁止の法令はそのごも出されるが、元禄期には五人組が連帯責任をとらされるようになる。これは博奕が村社会に入ってきたことを示している。享保十年（一七二五）の鳥取・池田氏の法度をみよう。

御郡村々にて、近年は博奕を始め、耕作御納所の障に成り申す段相聞え候、博奕の儀は天下一同の御法度にて候ゆえ、前々より仕らず様にと度々相触れ置き候処、前代未聞の儀どもに候、在改役人ならびに鉢屋どもを忍び廻せ、博奕仕る者を見付け候はば、その人は申すに及ばず、庄屋・年寄・五人の組頭も急度御仕置に仰せつけらるべく候、

鉢屋は茶筅《ちゃせん》を販売する人たち、「天下一同の御法度」は幕府の禁制である。耕作の支障になっているほど博奕が盛んになってきている。博奕をした者と、村役人と五人組頭が「御仕置」になる連帯責任をとらされるのである。鳥取・池田氏の場合は鉢屋に探らせているが、博奕の摘発は五人組の役割であった。享保十九年（一七三四）の三河国《みかわ》（愛知県）の渥美郡堀切村の五人組帳に「村中見廻り、五人組限り一ヵ月に三、四度ずつ急度吟味を遂げ」とあり、五人組は一ヵ月に三、四回、博奕をしているところがないか見廻っている。もっとも、農作業の合間であるから、実際はどうであったであろうか。

博奕が村のなかでおこなわれているのが普通になり、幕府など領主側はこれを禁止することに躍気になり、博奕禁制を遵守させる五人組一札を提出させる。たとえば宝暦三年（一七五三）、相模国の愛甲郡愛甲村では、三笠付《みかさづけ》をする宿はしない、野・林でおこなう者があればただちに注意することを約束した一札を、村役人・五人組が連印して提出してい

る。

三笠付というのは、宝永期ごろからおこなわれた。これは題を出してこれに句を二十一書き付け、その二十一句のなかで三句ずつを一組として当てさせる。どの句とどの句とが組になるか、ということを当てさせるのである。指定した句の組が当った者に金一両を与える。賭銭を出させるから当らない者もいる。別に発句の経験も無く文学趣味の悪い者にもできるので、ただ盲目的にくじを引くものと変りはないという。そのため欲張った者は、我も我もとこれに入るようになって非常に流行したという（辻善之助『日本文化史・江戸時代下』）。

江戸時代の後期にもなってくると、文字の素養がなくても当時の農民は寺小屋の普及もあって、一般的に識字率は低くなく、平仮名の句であれば読めたであろう。三笠付の流行は農民生活の文化に関係がある。

それにしても野原や林のなかで賭事をおこなっている農民の姿は、村社会における貨幣経済の浸透を示すといえるが、ともかく博奕をしない者は十人のうち一人ていどといわれるほど盛んになり、領主側が五人組を通して規制したとしても効果のほどはどうであったか。

これに関して奥羽国の盛岡・南部氏領での寛政十一年（一七九九）の法度をみると、「兼々稠敷《きびしく》仰せ付けられおき候処、頃日《けいじつ》（このごろ）に至り粗《そ》（おろそか）これ有る様《さま》相聞え不埒の至りに候」とある。そして「組内」（五人組）で当人に意見し、従わないようであれば役所に申し出よ、褒美を与えるとする。当事者の五人組仲間を密告せよとの指示だが、はたして実際上、できたであろうか。

（4）喧嘩

村での喧嘩は五人組が仲裁する。武蔵国多摩郡中藤村の例をあげよう。寛政八年（一七九六）、同村の長右衛門が五左衛門の家に立ち寄ったところ、同席していた由右衛門が理不尽に「てうちゃく（打擲《ちょうやく》）」した。このため長右衛門の組合の者が、立ち会いのうえ、示談の結果、「病代」金子一両二分を由右衛門から受け取った。怪我をしたのであろう。

今一つ、同村での兄弟喧嘩で内済になった例をあげよう寛延二年（一七四九）、治郎兵衛が兄与惣右衛門と口論し、真福寺の住職の仲介で内済となった。組中の者八人が加判した一札を名主に提出した。

（5）その他

百姓一揆で捕縛された者の張番《はりばん》も五人組の役割であった。天保七年（一八三六）、武蔵国橘樹郡芝生村において、米価の高騰で一揆を企てて捕縛された十人の百姓が五人組に預けられた。そのときの一札を示す。

右名前の者ども御手当に付き、私どもへ縄付きのまま御預け仰せ付けられ、確かに預け奉り、御用の節は召し連れ出されるべく候、以上、

天保七申年十一月二十九日夜

御手当人
右組合惣代　勘　助
村年寄　藤兵衛
同　和　助
名　主　庄右衛門

中村八太夫様御手附
渡辺市蔵様
柴田桂次郎様

これによると一揆を企てた八人が縄付《なわつき》で、五人組・年寄・名主に預けられた文言であるが、実際上は五人組が張番していたのであろう。

次に伊豆《いず》国（静岡県）新島《にいじま》での流人《るにん》が五人組へ預けられ厄介者になっていた様子をみよう。流人が新島に到着すると、ひとまず寺に預けられてからその後、五人組に割り当てられる。五人組に預けられた流人は、農業や他の仕事を手伝いながら生活するが、生活できない者は五人組で順番に養っていた。中には島抜けする者がおり、捕縛されると手鎖を掛けられ五人組頭に預けられたという。新島の五人組は流人の生活保護者であり、警察的な組織として存在した。

村の生活

村人として農業生活していくうえで、村社会から孤立した存在ではそれを維持していくことはできない。早い話が水田に入れる用水は一人占めすることはできない。番水といって田に水を入れる順番があり、これを村の総意で決めるのである。また結《ゆい》といって田植のとき互いに雇われて、力を貸したりしないと、三、四人の家族労働だけでは日数がかかり稲の成長をおくらせることになる。

そして前に述べたように、租税（年貢）は今日の所得税のように個人単位で納入するのではなくて、村請制であるから村が納税の責任単位であるので、もし五人組のなかで納入できない者がでてきたら、五人組の連帯責任で弁納することになる。

（1）村役

村社会は共同体であるから、共同でおこなう村役がある。これについて次のような史料がある。安永八年（一七七九）、摂津国の高槻・永井領津江村の五人組が連判した「定」である。

定

一、火けし　　　　　　歩米三升
一、堤水番　　　　　　右　同断
一、用水　　　　　　　右　同断
一、悪水　　　　　　　右　同断
一、井路さらへ　　　　右　同断
一、もかり　　　　　　右　同断
一、もらい水　　　　　右　同断
一、夜ばん　　　　　　右　同断
一、村中家別惣出不参　右　同断

右の通り先規より相定めこれ有り候えども、近年不沙汰に相成り候に付き、この度相改め、不参においては村方へ右歩米差し出し申されるべく候、以上、

文書の末尾に村役人のほか、五人組（十三組）が連印しているのである。「歩米」と夫米で労働力を提供するかわり納める米のことである。水利用の共同作業の役が中心だが、「近年不沙汰」になっているので、参加できなければ米三升出すようにとの取り決めである。おそらく五人組単位で出番が定められていたのであろうが、村全体の秩序がくずれてきたので、不参者は夫米を徴収する懲罰を決めて、村役に出るように村の総意ではかったのである。

(2) 火の用心

火の用心については、たとえば寛政二年(一七九〇)、奥羽国の盛岡・南部領で次のような法令がでている。

火の元用心の儀、度々御沙汰に及ばれ候えども、猶又、この度用心方の儀稠《きび》しく仰せ付けられ候、火の元用心方油断無く相心得申すべく候、且つ、一人限りの用心にもこれ無く儀、小村は隣村ならびに五人組合申し合い用心仕るべく候、

五人組が火の用心にどう取り組むかについてはわからないが、火事になった場合、五人組に連帯責任をとらせるから、火事をださない申し合わせはしているにちがいない。

(3) 農作物など盗人の過料

江戸時代の後半になると、田畑の作物が盗まれる状況があり、これを取り締る村法がつくられている。元文四年(一七三九)、武蔵国多摩郡中野村の連判証文がある。この連判には本百姓はもちろん、地借・店借・下人の人たちにいたるまで、田畑作物はもちろん、木の枝・木の葉・下草などを盗む者がおれば、過料(罰金)を出すことを決めた。

一、当人の儀は、　　銭六貫十文
一、五人組について　　銭四文

これについて「組合」(五人組)で十分、吟味し、また親子・親類といえども盗人とわかれば用捨しないこととする。そして「この証文を以って子孫永々に至るまで相用い申すべく候」としている。犯人を代官所につきだすことをしない

で、村で制裁する申し合わせをしたのである。

（4）罪人の番

盗人については前に述べたが、本人ならびに五人組が過料に課せられたが、ここでは罪人の処罰と五人組の役目についてみてみる。村内で盗人など軽犯罪で手鎖《てぐさり》・押込《おしこめ》の刑に処せられると、五人組が番をする。手鎖は手錠で庶民だけに科せられる刑で、罪人の両手に手鎖をかけこれに封印した。罪の軽重によって三十日・五十日・百日の区別がある。押込は押籠とも書き、一定期間、自宅に謹慎させて外出せず、門を閉じさせておく刑でいずれも庶民の刑である。これについて例をあげる。

文政八年（一八二五）、武蔵国入間郡三ヶ嶋村の組頭が押込についての請書を地頭（旗本）に差し出している。同村の八郎右衛門・藤助が領主から押込の刑を受けたので、五人組が日割で見廻ることになった。そのさい、印鑑をもらい十日目に地頭所へ差し出すのである。五人組の日割は次のようになっている。

右日割

十四日始り	勘兵衛
十五日	三郎右衛門
十六日	勘兵衛
十七日	佐平次
十八日	勘兵衛
十九日	次兵衛

この日割で見廻り、「当人（押込の者）より印形相取り申すべく候」としている。五人組が毎日、交代で押込の家を見廻り、その証拠に相手から印鑑を押してもらうのである。

（5）出奔人

江戸時代の中ごろになると、村社会では急に行方不明になるとか、出奔人がめだってくる。五人組はここでも役割がある。文政八年、三ヶ嶋村の藤助の妻が出奔し、多摩郡中藤村の実家の兄新介方に身を寄せた。早速、五人組の者が行き、新介に藤助の妻を渡すように申し入れたが、新介は渡さないので名主に地頭所へ訴えてくれるよう一札を入れた。この場合の五人組は仲裁のために行ったのではなく、村から離れる欠落者を探して、村に引き戻さなければならない役目があったのである。

（6）祭礼警固

また三ヶ嶋村の例であるが、文政十一年（一八二八）、同村で御祭礼があり往来の警固に五人組が動員された。ところが板橋組の百姓文右衛門・藤助・八郎右衛門・平左衛門・長右衛門・源蔵の六人組合の者たちは一人も警固しなかった。実はこれには事情があった。

藤助妹くめが源蔵宅から出て中伊太夫宅に行き、石を投げあばれだしたので、源蔵の組合の者たちが取押え、くめに始末詫一札を出すよう説得したが応じないので、五人組全員で番人となり、そのため同組は警固に行けなかったのである。

（7）境界争い

嘉永五年（一八五二）、相模国の津久井郡千木良村の五右衛門と五左衛門が屋敷の境界が不分明で争いとなった。組合の太七と組頭四郎左衛門が見分して境界をはっきりとし、垣を植え石垣を補助するなどして一件落着した。これによって当人たち四人が連判し、村役人衆中へ証文を差しだした。村のなかの紛争は五人組が中心となって解決している様子がわかる。

（8）農業を不精《ぶしょう》する百姓

村のなかの独身者、病人などに五人組が農業上の助力をすることはすでに述べたが、ここでは農業不精の百姓が出精することを約束させせられ、五人組が加印した史料を長文をいとわず紹介する。

一札の事

私儀、農業不精仕り、百姓に常方に似合わざる風俗仕り、御上御役人中様の御目に留まり、村方御役所へ御呼び寄せられ、農業渡世《とせい》その外の儀御尋ね遊ばされ、逸々、申し訳御座無く、これに依り重御吟味にも相成りべく処、村方御役人中偏《ひとえ》に御願い下げ成し下され、その上御意見など仰せ聞かされ、実に御上様へたいし恐れ入り奉り候、何分この上急度相慎み不埒がましき儀仕りまじく候あいだ、何とぞこの度の儀は、御上様へ恐れながら御訴訟成し下され候処、御憐愍《れんびん》を以って御用捨遊ばされ有難き仕合わせに存じ奉り候、この上は猶又、御百姓出精仕り申すべく候、もし又、農業不精仕り候はば、御役人中様より御たっし遊ばされ、何程の御咎め仰せ付けられ候とも、御恨みがましき儀申すまじく候、後日のため一札差し上げ候、仍ってくだんの如し、

文政七甲申年八月

金子村
当　人　鹿　蔵

右鹿蔵申し上げ候通り相違無く御座候、万一、この上心得違いにて不埒の儀御座候はば、私どもより御□下され候様申し上ぐべく候、後日のため加判仕り差し上げ申し候、仍ってくだんの如し、

同村
伯父　太郎吉（爪印）
五人組　辰右衛門㊞
同　清右衛門㊞
同　幾右衛門㊞
同　久七㊞

文政七年八月

御役人中様

内容の要点は次のようである。

（1）農業を不精し百姓らしくない服装をしていたところ、代官所の役人の目にとまり、村の役所に呼ばれ吟味があった。

（2）村役人の執り成しでそれ以上の吟味をされずになり有難い仕合わせである。

（3）このうえは農業に出精する。もし不精すれば、どのような罪になってもかまわない。

文化文政期のころは、村の風俗は華美になったようで、幕府の法度によると「百姓の儀は粗服（粗末な衣服）を着し、髪も藁を似つかね候事、古来の風儀に候処、近来、奢に長じ身分不相応の品着用いたし、髪も油元結《もとけい》を用い候のみならず、流行の風俗を学び、その外、雨具も蓑《みの》笠のみを用い候処、当時、傘合羽を用い」とある。そしてその結果は先祖代々の田畑を他人に手放すことになるという。農民生活の華美が農業不精となり、困窮しているとの指摘である。前記の一札から、その防止を五人組の役割としている。

(9) 飢饉《ききん》と五人組

飢饉で五人組がどのようにかかわっているかをみてみよう。天明飢饉のはじまる天明四年（一七四八）、武蔵国入間郡北野村の「養料金借用証文の事」という史料をあげる。

金五両　　但し文字金なり

右は凶作に付き何れ養料致し兼ね候あいだ、この度、一統にて御地頭様拝借御願い下され候様に願い上げ奉り候処に、右願いの通り当夏、麦十六石引当《ひきあて》（抵当）に仰せ付けなされ候に付き、これに依り御役人中にて御借用成され候内、私ども分借り仕り候て養料仕り候、然る上は返弁の儀は来たる六月十五日限りに遅帯無く返納仕るべく候

天明四年辰三月二十九日

五人組　伊右衛門
同　久左衛門
同　弥左衛門
同　庄左衛門
同　五郎兵衛
同　武左衛門
同　金左衛門
同　平右衛門
同　忠兵衛

名主　金五右衛門殿

組頭　五左衛門殿
同　源兵衛殿
同　弥五左衛門殿
同　市郎兵衛殿

この証文の内容は、凶作で食べることができなくなっているので、領主の旗本から収穫予定の「麦十六石」を抵当に金五両を借用するとある。凶作の救済金として旗本から給与されたものではないのである。それはともかくとして五人組単位で連印しているが、署名は五人組頭である。借用金五両を組頭が組内の百姓に割り当てることになるが、一軒あたりどれぐらいか。仮に一組五軒として四十五軒である。一両は銭五貫文として、金五両は二十五貫文となる。一貫文は銭一千文であるから一軒あたり五百文ていどとなる。

これに関して天明六年（一七八六）、相模国高座郡円行村を知行とする旗本が、「御救金」四両を給付しているのをみると、同村の三十五軒に割り当てられ、一軒あたり銭三百文から銭七百文が多い。同村の場合、「御救金」は「惣百姓相談の上」で割り合わせており、五人組単位ではない。

銭五百文は米にすると一斗ほどである。一斗は茶碗一杯一食として百食の量で、五人家族とすれば一人二十食ていどとなる。農民は雑穀を主食とされているから、粟・稗などを買うのであろうが、麦が収穫されるまでのつなぎになったたか。

凶作による困窮人への救済は領主側だけでなく、村単位でもおこなわれた。これは幕府の対策によるものらしく、江川太郎左衛門役所からの次のような指示をみよう。

（1）困窮の者へ米・金銭などを合力（援助）する奇特な人の名前を書き記しておくこと。

（2）米・金銭を貸した者については、何村の誰か、無利足か利付か、返済の年賦もくわしく書いておくこと。

（3）田畑を質に入れてまで合力した者の名前を書いておくこと。

（1）の合力について例をあげる。天明四年（一七八四）、武蔵国多摩郡田無村で、余分に穀物を所持していた十名の百姓に対し、その余穀を飢民に貸与させようとしたところ、うち三人がこれを拒否したので、惣百姓が連印して領主の役所に訴えた。これは窮民に合力しないのは、領主側の飢民対策に反するという理屈なのか、拒否した理由がわからないので不明である。それはともあれ、村内の富裕農民が合力したのは事実である。

富裕農民の合力で今一つ例をあげておこう。相模国足柄上郡山田村の天明三年（一七八三）の「金合力割賦」という史料である。

一札の事

当年田畑大不作仕り、夫食差し詰り難儀仕り候に付き、各中を相頼み、当村宗五郎殿へ金子借用御無心仕り候処、凶年にて難儀の処御聞済み下され、金五十両小前（百姓）方へ合力成され、御志深の段近頃忝《かたじけ》なく受納仕り候、これに依り書判《かきはん》の一札仍ってくだんの如し、

天明三年卯十一月

御料私領　山田村
百姓

これは同村の宗五郎という人物が五十両という大金を合力したことに関する一札である。村としてははじめ借用のつもりであったところ、合力となって感謝している様子がわかる。宗五郎は相当な村の豪商のようである。村数は四十四軒、一軒あたり金一分から二分の割当てになっている。銭にすると一千文から二千文で前記の北野村や円行村の四倍、

五倍の金額となる。もっとも宗五郎は村の大地主であったであろうから、村内の困窮人にこのていどの施しをしておいてもよい判断があったかもしれない。というのは天明期前の宝暦・明和期ごろか百姓一揆が各地が起こっており、天明飢饉では村の豪農・豪商に対し打ちこわしがあり、それえの対処が考えられる。

宗五郎にみる合力は例外として、一般的には、多少、余裕のある中堅的な農民が合力している史料がみられる。たとえば尾張・徳川家領の玉滝村の、天明四年（一七八四）の「困窮の者共へ施物書上帳」によると、合力した人は四十三人で合力したものは、たとえば米一升・麦二升・みそ一升・稗二升・塩三升・こぬか一斗などなかには米五合ばかり出した人もある。そこに村が一つの共同体になっている感がする。

ところで天明の飢饉は天明二年からはじまり同五年まで続いている。とくに奥羽地方の被害ははなはだしく、たとえば津軽地方では天明三年九月から四年六月まで死者八万余、飢死と疫病の流行のため全国で約九十二万の人口減少をきたしたといわれている。関東では飢人はわりあいと多いが、飢死したとする史料は今のところみあたらない。筆者はある研究グループとともに、関東の飢饉関係の史料を集めているが、今のところ飢死者を領主側に報告している史料を発見していない。おそらく領主側・村方の救済で飢死するにまでいたっていないかもしれない。

救済となるといったい五人組はどうしていたのか。これはもう五人組単位の互助ではどうしようもない深刻な事態であったと思われる。五人組の役割は今後の飢饉対策のためになされる貯穀にあった。

天明飢饉のあと、幕府は対策のため貯穀すしておくことを法令で定めた。次の史料は天保の飢饉のときの、武蔵国多摩郡中藤村の「貯稈《かん》穀預り証文の事」である。稈は稗《ひえ》の間違いであろう。

一、籾三石七斗三升三合五夕《せき》　上御下穀

一、貯穀数　二百五十六石六斗五升　出穀

内

貯稗　十七石二斗三升　作兵衛預
同　二十一石五斗三升　忠右衛門預
同　十石六斗一升　徳右衛門預
同　十七石四斗六升　留治郎預
同　九石七斗二升　吉左衛門預
同　十三石七斗四升　伝左衛門預
同　十五石四斗三升　勘七預
同　十四石一斗六升　佐五右衛門預
同　十五石二斗　□（ムシ）

〆　稗百十七石六斗七升

九人の預り人は五人組頭であった。「五人組頭ならびに百姓一同承知の上、預り人相立て大切に置くべき旨」とあり、文書の末尾に「貯穀預り人・五人組頭」ほか八人の五人組頭が連印している。穀物は五人組単位で貯穀されたが、保管は五人組頭の家が、郷蔵であったかは不明である。

この貯穀の穀物が古くなると払いわたす場合がある。文久元年（一八六一）、武蔵国多摩郡大沼田新田の「貯穀御割渡に付き小前連印帳」に、「当酉年より来たる丑年まで五ヵ年賦年々一軒に付き稗五斗ずつその組合限り相違なく急度、詰戻し仕るべく候様」という。五斗ずつ五ヵ年賦だから二石五斗の稗を貯穀から借りだしたことになる。この場合の返却には五人組が責任を取る。

飢饉と五人組に関する史料を今一つ紹介する。天保八年(一八三七)、相模国高座郡蓼川村で「判頭」(五人組頭)が連印して代官江川太郎左衛門に請書をだした。この請負の内容の一部を示す。

近在百姓ども夫食《ふじき》(食物)などに差し支え困窮に及び、追々江戸表へ罷り出で、袖乞《そでごい》(ものもらい)などいたし候者多分これ有り候処、左《さ》候ては村々人別(人口)相減じ、自然、村方の衰微の基にも相成り申すべく候あいだ、右体《てい》の儀これ無き様、五人組の者ども相互に心付け、飢渇に及び、欠落など致すべく様子の者も相見え候はば捨て置かず、早速、村役人へ申し立てる様、小前一人別に申し渡し受印取り置き申すべし、

これによると、天保の飢饉で近在の農民が食べる物に困って江戸に出て、ものもらいをしているとし、このままでは村の人口が減り村が衰えていくという。五人組はこのような村から欠落する者がでないよう気を付け、その気配があれば村役人に届けるとしている。

以上、村の生活と五人組についていろいろな面からみてきた。そこから五人組が村の生活にはなくてはならない存在であること、五人組は百姓仲間うちの小さな共同体であった。

第十一章　五人組はずし—組八分《はちぶ》

五人組は小さな共同体で仲間うちであったことを指摘したが、この五人組を追放される場合もあった。一般的に村八分といわれるが実は組八分である。村八分は家族ぐるみ公私にわたる一切の交際を絶たれ、葬式や火災に際しても助力を得られぬ状態をいう。今日でもこの状況は、なんらかのかたちで存続している。村八分の原因になるのは、窃盗・暴行・失火などの刑事犯罪が普通だが、村掟に違反したり、独善的行動をとるなどである。以上が村八分の通説である。

村八分は村共同体の制裁であるが、実際上は五人組はずしであった。弘化元年（一八四四）の越後国頸城郡嶋倉村の「五人組御条目」に、「親子兄弟仲よき者ばかり組み合わせ申すまじく、組合はずし候者一人も御座無く」とある。これは江戸幕府・諸領主が領民の完全掌握をめざして五人組を設置したことを示すが、他方、五人組はずしもあったことも事実であった。

この「組合はずし」の史料はわりあいと残っている。たとえば元禄六年（一六九三）の黒松村五人組手形に次のようにある。

村中は相談を相きめ候（中略）もし一人立ってわがまま仕るものこれ有るにおいては、五人組の内を退け壱人《ひとり》立《だち》に仕

るべく候、

「壱人立」にせよというのは、百姓は一軒だけで独立して農業経営はできないので、村に住めなくなる。

組合はずしは江戸時代前期からみられる。慶安四年（一六五一）、亀山・石川氏の法度に「五人組にはずれ候もの抱え置き申すまじく候」とあり、延宝五年（一六七七）、近江国蒲生郡朝日野村の法度書にも次のような文言がみられる。

地下中《じげちゅう》（村）、いねわら・大こん（大根）万事作りの物ども竹木にいたるまで、ぬすみ取り申す者、五人組おはずし所お払い申すべき事、

農作物の盗人は五人組からはずされるのである。五人組はずしになるとどうなるか。武蔵国多摩郡小川村の例をあげよう。

同村では「名主百姓出入《でいり》」（名主の不正に対する訴訟）から、幕府の法度に何も背いていないのに、「五人組仲間をはずしその上、近所の百姓衆まで出入をとめられ何とも迷惑仕り候」との制裁をうけたとの訴状がだされている。五人組はずしになると、「近所の百姓衆」とのつきあいをはずされることを意味する。つまり村八分である。次に五人組はずしの例をいくつか紹介しよう。

〈ケース1〉

江戸時代中期以降のことで、五人組が組ごと村のつきあいからはずされている例がある。武蔵国多摩郡中藤村の利右衛門と「組合内の者一同」が村方に「不法不実」があって、村役人・惣百姓が相談して次のようにきめた。

利右衛門ならびに同人組合の者一同へ以来、名主方より触れ候御用村用の儀は突合（付き合い）いたし相勤めるべきはず、その余、普請ならびに祝儀不祝儀《ぶしゅうぎ》・月待《つきまち》・日待《ひまち》そのほか何によらず、一切突合致さずはず、もし突合致し候者これあり候はば、見付け次第銭三貫文に過料銭差し出し申すべきはず、

この文書によると、どのような「不法不実」があったかわからないが、利右衛門組とは公用・村用のほか祝儀不祝儀や月待・日待の村人の会食など一切付き合いをしない、もし付き合う者がおれば、罰金として銭三貫文出させるという。この場合は、組ごと村から付き合わない制裁をうけたのであるが、組ごと村八分された珍しい例である。

〈ケース2〉

続いて同村の出来事であるが、天保二年（一八三一）、組合はずしの訴訟があった。病気中の七左衛門に代って妻のたつが訴訟人で、相手は組頭の勘次郎、同じ組合の勘左衛門である。訴訟の内容は、七左衛門の屋敷地内に、勘左衛門が六尺（約二メートル）ばかり自分の土地として縄張りしたので、これは不当だと七左衛門が組頭に訴えた。ところが「組合ならびに組頭の申し付けを相背き候儀にて、以来、組合相外し突合致さず」と組はずしにされたのである。そこで名主に訴えたがとりあってくれず、仕方なく公儀の役所に出訴した。名主が仲裁することなく組はずしを容認している事情が不明だが、共同体としての五人組の問題が問われる一件である。

〈ケース3〉

今度は組はずしになった者に対し、言葉をかわしてもいけないこと決めた例である。

享保十八年（一七三三）、信濃国飯山領南条村の平右衛門組合の光右衛門は御法度に背き、庄屋・組頭の意見にも従わない不届き者であるという。村中で相談した結果、光右衛門はもちろん平右衛門組の百姓とは付き合いしないことをきめた。その制裁の内容を史料で示す。

女どもに至るまでまじわり遊び候儀、或は道路・田畑などにて会い候とも、ことばの取りかわしをも仕るまじく候、もし相背き候者御座候はば、光右衛門と一同に仰せ付けられるべく候（組はずしにする）。惣じて平右衛門組にても、ことばの取りかわし、まじわり仕りまじく候、

これは前記の中藤村の場合と同じく、当人ばかりでなくその組の者ともつきあいをしないという。そしてつきあいばかりでなく、平右衛門組の百姓との小作関係もストップする徹底ぶりである。一札の末尾に五人組頭七人と惣百姓代一人が連判して村役人に提出している。

〈ケース4〉

松本・松平（戸田）領の松川組の文政三年（一八二〇）の村議定によると、「御上納（年貢）に付き折々、組合に難儀をかけ甚だ不埒」の理由で、「組合の除儀」かれるべきとあるように、年貢上納の連帯責任が果せないので、五人組はずしの対象となっている。当初、幕府など領主が五人組の役割として強制した年貢上納の連帯責任は、名目のみでなく実際上は五人組の相互扶助に結果している。すなわち、五人組を除かれると農業経営が不可能になるほど、五人組が村落生活に欠くべからざる存在となっている。

ところで、五人組はずしが果して実行にうつされたであろうか。中藤村の安永七年（一七七八）の一札に、組合の百姓の不埒者を「組合御除」きになるよう訴えたが、結局は「右頼みの儀御下げ下される」ようと撤回している。これに関連して、美濃国安八郡更屋敷村の史料をみよう。五人組はずしを申しでた、他村で奉公中の百姓の処置に、「組合相除き候儀は容易ならざる御儀」と、五人組が代官役所にその始末につき伺いをたてている。

村としては、村の秩序を維持していくために、五人組はずしをして制裁をおこなうわけだが、領主側からすれば、村の住民はすべて五人組に編成され、農民が土地から離脱することは阻止しなければならない。

五人組からはずされても、「壱人立」で独立して農業経営をおこない、年貢も納めれば問題がないように思われるが、そうはいかないところがあった。たとえば共益の慣行である用水・山林の利用ができなくなると農業はできなくなる。また村のつきあいがなくなると、たとえば子供が村の子供たちと遊べなくなるなどである。

結局は、五人組はずしを村役人の力で解決できなければ、代官所に訴えて裁判にもちこむことになるのである。

ともあれ五人組にみる共同体の慣行が、現代の社会生活の仲間うち意識、仲間はずしにつながっているように思われる。五人組は親類・同族と異なる、他家との地縁的関係で結ばれた生活協同体であった。

[付論1]

信濃国の五人組

本論では全国的に五人組をいろいろの側面で考察したが、ここで信濃国の五人組の様子を一貫してとりあげたい。信濃国に限定したのは、近世信濃の史料集である『長野県史・近世史料編』が刊行されており、これから五人組の史料を収集して、本論の項目と同じように分け分類した。

江戸時代の信濃国は幕領・大名領・旗本領が混在している。寛永期における大名領は第26表でみるように小大名が多い(『長野県の歴史』)。しかも領主の交替が多く、このために信濃一国の支配体制には根幹がなく、治安面において五人組は必要で、事実、信濃国全域において五人組が設置された。

法令の遵守

まず、五人組別に記載された宗門改帳《あらため》(宗門人別帳)をみる。宗門改帳とはキリシタンを摘発するために檀那寺《だんな》を定めさせ、檀那寺に村民・町民がキリシタンでないことを証明させるための帳面である。この帳面が一般的に作成されたのは寛文期といわれているが、それ以前の慶安二年(一六四九)、飯田領北殿村の「御改帳」に次のような記載があ

第26表

藩	藩主	所領	石
飯山	佐久間安政	水内郡北部・高井郡北部	30,000
長沼	佐久間勝之	水内郡中部（および遠江高島）	18,000
須坂	堀　直重	高井郡中部	10,000
松城	真田信之	水内郡南部西部・高井郡南部・更級郡・埴科郡〈ほかに沼田領を分知〉	100,000
松本	戸田康長	筑摩郡・安曇郡	70,000
上田	仙石忠政	小県郡・更級郡南部	60,000
小諸	松平忠憲	佐久郡北部・小県郡南部	50,000
高島	諏訪頼水	諏訪郡・筑摩郡南部	32,000
高遠	保科正光	伊那郡北部・筑摩郡南部	30,000
飯田	脇坂安元	伊那郡南部（および上総一宮）	55,000
木曽	尾州領（代官山村良勝）		無高

る。

一、今度は伴天連《ばてれん》・いるまん・きりしたん宗門御改に付いて、男女共に吟味仕り候えども、この村に一人も御座無く候、その上、うさんなる者男女・童に至るまでかかえ置き申さず候、そのため五人組に仕り、宗門改め村中御手がた（形）差し上げ申し候、

一、禅宗寺は城安寺　組頭　九郎右衛門㊞

同　　　女房㊞

同　男子　とね㊞

同　男子　いん郎子㊞

同　男子　新三郎㊞

同　女子　らく㊞

同　　　女房㊞

同　女子　まん㊞

以下、五軒とも檀那寺は城安寺で、それぞれ家族の名前が記されている。そして末尾に次の文言があって五人組の連印がある。

右、御改めの宗門一人も御座無く候、その上、むざと仕りたる者郷中にかかえ置き申すまじく候、後日に御改めの宗門又はむざと致したる者かかえ置き申し候と、訴人御座候はば、右の五人組の者ども急度曲事に仰せ付くべく候、

慶安二年丑の

七月晦日

組　頭

九郎右衛門㊞

五　介㊞

七右衛門㊞

伝左衛門㊞

源右衛門㊞

仁右衛門㊞

キリシタン改めは「鎖国」成立期の寛永十年代以降も強化されている。この北殿村ではキリシタン改めが五人組単位で記載されているのである。五人組がキリシタンの摘発に利用されていることを示す貴重な史料といえる。次に示す史料も珍しい。寛文七年（一六六七）の上田領舞田村の女子のみの人別改め帳である。それも五人組別に記載されている。一部を示す。

女　房　　当村生

娘　　おろ　是は下原作兵衛女房遣

組頭 助右衛門尉　子 清兵衛　女房　当村長左衛門娘

下　女　あまふ（譜）代

同　にく

あとの五軒分、同様な記載があって、しめて「六人与（組）」とある。娘おろのところに「下原作兵衛女房遣」の「遣」は嫁いでいるということ、妻・娘・嫁の出身・移動を書き上げさせている。これを何の目的で作成させたのか不明であるが、五人組単位で提出しているのが注目される。

五人組単位については、寛文五年（一六六五）の、高島領熊野井村の「宗門五人組帳」は檀那寺を五人組別に記している。

南熊野井村五人組

松林寺　旦那㊞　五左衛門㊞

同　寺　旦那㊞　九兵衛㊞

祭福寺　旦那㊞　清左衛門㊞

松林寺　旦那㊞　五右衛門㊞

（以下四組略す）

右五人組の内《うち》二十人は、代々拙僧旦那紛れ御座無く候、自然、吉利支丹と訴人御座候はば、何時も拙僧罷り出で申し分仕るべく候、それに就いて右の旦那にて面々判仕り候、以上、

寛文五年　真言

巳の三月十九日　松林寺

宗門御改

奉行所

ここでも五人組を単位としたキリシタン改めの帳面が仕立てられている。

さて、幕府・大名など領主が五人組に課した役割で、もっとも重要なのは法令の遵守である。前にふれたように、江戸時代初期では幕法を守ることを誓約する五人組一札を、五人組連印で提出している。前期から中期にかけては農民法令が多く出され、五人組帳を作成するさい、法令集のような内容で書き上げている。これを五人組前書という。信濃国の場合でも法令集的な五人組前書が公布されていた。元禄七年（一六九四）、高遠《たかとう》領菅沼村では次のような五人組法度の請状がだされている。

五人組前書五十五ヵ条の御法度の品々、堅く相背き申すまじく候事、

（中略）

右の通り五十五ヵ条御法度自然相背候はば、何分の曲事に仰せ付けられ候とも、その時一言の御恨み申すまじく候、そのため手がたくだんの如し、

元禄六年

酉の三月四日

菅沼村組中

兵　四　郎㊞

小左衛門㊞

加右衛門㊞

又左衛門㊞

この組中の四人は五人組のなかの一組である。問題は法令がたくさん出されても、実際に守らなければならない。これについて五人組が血判して遵守を誓わさせられている史料がみられる。慶安四年（一六五一）、井上知行所の野地村で

の五人組一札である。

先年より仰せ付けられ候五人組、その節、九ヵ条御書付に血判まで仕り差し上げ申し候に、今その旨相守り罷りおり候、

末尾に五人組が連印し宛名は「御主人大平権兵衛殿」だが、人物は不明である。

また、隷属的な農民まで法令を読み聞かせているとする村もある。享保十四年（一七二九）、松本領中島村の「五人組定」に、「御条目の趣」を組合の者どもが集まって「拝見」し、「門屋・借や（屋）の者まで一人も残らず読み聞かせ」としている。

教諭

五人組帳前書には法令遵守の条文だけでなく、大名領の場合には儒教的な文章もみられる。たとえば、小諸《こもろ》領の享保十年（一七二五）の荻窪村の五人組の次の文章をみよう。

親に孝を尽くし、夫婦むつまじく、兄弟親類にしたしく、下人は主（人）によく従い、又、下人をあわれみ、総じて衆人へ対し無礼・悪口仕らず、物毎《ものごと》つつまかやにし、家業を専らにし、所の法を背くべからず、

これは武家社会の儒教の人民教化である。農民を道徳教育しようというわけである。しかしそれはつまるところ、農業に出精し年貢を納めさせようとする意図がある。それというのは同じ条文に「不行跡者《ふぎょうせき》にて御年貢高未進これ有り候

はば、村中弁納たるべし」とあり、不行跡な行為―品行が悪いおこないをしない人間であってほしいわけである。

このよう儒教による人民教化の例は、松本城主戸田光行が領内百姓に申し渡した教諭書にもみられる。

（1）公儀よりの法令を守ること
（2）夫婦睦じくすること
（3）父は子を溺愛しないで百姓の業を教える
（4）父母を敬いよく仕えること
（5）兄は弟をよく哀れむべきこと
（6）家の主は家内をよく治め、召使いを哀れむべきこと
（7）親類・組合睦じきこと
（8）村役人を敬い何事も申す旨に従うこと
（9）奢りなく、破産しないようつとめること
（10）色に耽《ふけ》らず男女の別を正すべきこと
（11）耕作はもちろん、作間のかせぎに精を出すこと

以上のなかで（1）の原文は大名領主の農民観を示すもので引用しておこう。

安穏に今日を暮すこと皆、公儀よりの御恩にて、その御恩誠に海山とも申すべき、そしてこの御恩を忘れ、法令に背く者は、やむ事を得ず仕置《しおき》に申し付くべし、

すなわち、百姓が平穏に農業をして暮せるのは、武士階級が守ってやっているからで、その恩にそむく者は当然、処

罰されるという。このほかすべてに従順であるように教諭しているのである。
続いて（7）の五人組に関する条文をあげる。

親類は格別、睦じくして何事も相互にたすけ、もし心得違いの者ある時は異見を加うべし、組合は他人なりといえども、物事相談して心得違いある時は異見を受ける者なれば、疎略にすべき者にあらず、事により為になること、兄弟にまされるとももあるべきは組合なり、平生、親切にすべし、親類・組合の内、不埒成る者あらば恥なりと思い、互いに心を付くべきものなり、

すでに本論の組編成のところで述べたように、五人組は地縁的結合を原則としたが、その他人同士の組を「兄弟にまされるときもあるべきは組合」なりとしている。五人組の仲間百姓は家族と同様であるとして、五人組の強化をはかろうとした。

組の編成

信濃国の五人組頭は釣頭または判頭と呼ばれている。たとえば、元禄十五年（一七〇二）の座光寺領の「新田五人組帳」の記載をみる。

五人組

助四郎㊞ 釣下明家 主仁兵衛

釣頭 仁兵衛㊞ 同明家 主孫三郎

孫　　助㊞
桶　屋　八右衛門㊞
六ノ丞㊞

「釣下明家」は組内の本百姓になれない隷属的農民であろうか。今一つ史料を示そう。

嘉永四年（一八五一）、白河領部奈村で五人組が七組あったところ、「御役所」より一組を五人ずつにするようにとの差図があって新しい組が成立した。そのときの「五人組取り定め連印」の文書に、「新組釣頭の儀は五人の内、名前年番に相勤め申すべく候」とある。ところが連印名をみると「五人組頭」と記している。信濃国では日常的には五人組頭を釣頭と呼んでいたが、公的には五人組頭であった。

五人組の編成については、村に住む本百姓以外のいろいろの職種の人たちが対象になっている。貞享三年（一六八六）、幕府代官千村平右衛門支配下の伊奈郡三日町村の五人組改《あらため》の文書に、本百姓のほかに次のような職種の人々が五人組に入るとされた。

門屋・被官の者・諸浪人・諸医者・諸芸人・諸職人・諸商人・杣《そま》（木こり）・日雇人《ひやとい》・船頭・社家《しゃけ》（神主）・堂守《どうもり》・ひじり（聖）・鉢ひらき（開）・神子《かみこ》（みこ）・陰陽師《おんみょうじ》（うらない師）・山伏・御前（瞽女《ごぜ》）・座頭（視覚障害者で按摩《あんま》を業）・比丘尼《びくに》（尼《あま》の姿をした売春婦）・穢多《えた》・猿廻し・ささらすり（簓摺）

若干の説明をしておこう。

［聖］高野《こうや》聖の略で呉服などを背負った行商人。高野聖とは勧進《かんじん》（寄付）のために高野山から諸国に出向いた下級僧。

［聖］は高野聖の姿に似ていた。

［鉢開］鉢坊主と同じ、托鉢《たくはつ》して歩く坊主で「乞食《こじき》坊主」といわれた。

［瞽女］三味線《さみせん》をひき唄を歌いなどして銭を乞う「盲」の女。「めくらごぜ」といわれた。
［穢多］皮革業、罪人の逮捕・処刑などに従事する最下層民、賤民身分として蔑視された。
［簓摺］簓は竹の先を割って束ねたもの、田楽《でんがく》（歌舞）などで簓をすり合わせて調子を取るのに用いる。

農民以外にいろいろな職種の人たちがいるのにおどろくが、三日町村は純農民ではなくて町の様子があったのであろう。

前記の五人組改の文書には、「男女一人も残らず吟味仕り、面々、旦那寺の分書き付け差し上げ申す」とある。定住していなくとも檀那寺はきめておくということか。五人組の連印は本百姓の五組だけであるから、本百姓以外の職種の人たちは別の帳面が仕立てられていたのか。

ともかく幕府は五人組を通して、土地の農民のみならず、住民のすべてを家族とも把握し、檀那寺をも書き上げさせたのである。現代でいえば国政調査になろうか。当時の問題としては不穏の分子がでないよう、治安の維持のためであった。

次に村が幕府領と私領に分れて支配されている場合の編成の様子をみよう。史料は文政三年（一八二〇）、高井郡中条村の「百姓仕訳《しわけ》（分）帳」で記載の一部を示す。

五人組

一、一軒御百姓　清　吉
一、一軒御百姓　金左衛門
一、御私領甚ノ丞相地半軒百姓　万　吉
一、金左衛門相地百姓　大　蔵

一、一軒御百姓　伴七
一、御私領とめ相地百姓　忠左衛門
一、四半軒御百姓　直三郎
（中略）
五人組
一、一軒御百姓　重七
一、半軒御百姓　宇源次
一、半軒御百姓　弥平次
一、宇源次相地半軒百姓　松蔵
一、猪三郎相地半軒百姓　徳兵衛
一、同人抱《かかえ》水呑百姓　亀吉

相地は合地《あいじ》で、かつて一つの土地を共有にしていた同族、血統を同じにする一族をいう。同史料に、「家持《いえもち》に出し候ものは大家相地百姓と申」し、「屋敷高これ無きものは大屋水呑百姓と申」すとある。大屋とは本家、あるいは本百姓のことであろう。たとえば「金左衛門相地百姓　大蔵」は金左衛門の分家か同族であると考えられる。

「一軒御百姓」・「半軒御百姓」・「四軒半百姓」は何か。これについては「右一軒分の役料、寛政四子年銭六百文と相定め申し候」とある。役料は村入用など公用の負担金であろうが、おそらく土地の所持高できめられたか。「半間御百姓」の役料は三百文となる。同村の五人組編成で特筆できるのは、猪三郎の「相地半軒百姓」の徳兵衛と、「同人抱」の「水呑百姓　亀吉」が「一軒御百姓」など本百姓と同列で五人組に編成されていることである。別の面でみれば、富裕農と貧農を組み合わせる五人組編成の目的にかなっている。

今一つ指摘しておきたいのは、幕領と私領の百姓が一つの組に編成されていることである。となると、私領の百姓が領主に年貢を未納したさい、他の四人の幕領の百姓が弁納することになるのか。一村に二人以上の領主が知行していることを分給というが、領主別の五人組帳があったのか今のところ不明である。

次に町人の五人組編成の例を紹介しておこう。宝暦十一年（一七六一）の高遠町の五人組帳の一部を紹介する。

下り町五人組頭

穀　屋　　新　七
賀加屋　　兵右衛門
江戸屋　　幸　助
江戸屋
借　屋　　平　助
江戸屋幸助
借　屋　　文五郎

（中略）

五人組頭

山　屋　　与兵衛
建福寺借屋
柏　屋　　庄兵衛
和泉屋　　兵　七

鍛冶屋　　清左衛門
鍛冶屋　　卯之助

高遠城下の高遠町は、下り町・本町・中町・下モ町・勢利町・鉾持町・横町・新町・清水町・袋町とあり、町民はこの五人組帳では三一一軒ある。前書に、町屋を売買する時は五人組の加判が必要であり、家の譲状には五人組の加判がないと家督の相続ができないとしている。

最後に他の五人組に入る例をみてみよう。享和四年（一八〇四）、伊奈郡前沢村に「無心申す一札の事」という史料がある。同村百姓の利治が「私儀この儀、その御組下へ御結び下され候様に御無心申し入れ候」とし、「御仲間」が相談していただいて、「御役元」（村役人）にお願いしていただきたいと述べている。あて名は「五人組御仲間中」とある。五人組の編成は村中の相談できめられるが、このように個人的に組入りができるケースもあったのである。

村の運営と五人組

五人組がどのように活動し村の運営にかかわっていたかについて本論で考察したが、なお、信濃国で検証してみよう。まず村役人をきめるさい、五人組が立ち会っている様子を、寛政八年（一七九六）、伊奈郡小野川村の名主役選出に関する取り決めでみよう。

名主役の儀、右名前十人の者へ大小百姓残らず年々正月二十日入札《いれふだ》いたし、高札に相当り候者名主役相勤め申すべく候、尤《もっとも》、右日限入札に名前書き記し残らず五人組頭持参いたし、名主宅にて開札致すべき候事、解説すると、名主の選挙に十人の候補者がおり、毎年一月二十日に入札（投票）して、投票数が一番多い候補者が名主役に当選する、現代の選挙と変らない方法をとっている。そのさい、五人組ごとに札（投票用紙）を集め、それを五人組頭が持参して名主宅で開票する。このような村役人の選出方法は江戸時代初期からおこなわれたのでなく、中、後期から一般的になったようである。

また入札は名主・組頭・百姓代の村方三役だけでなく、五人組頭についても「組合限り入札」する。五人組を中心に村社会が自治的機能をもつようになったことを示している。この五人組頭の役割について史料をみよう。上田領武石村の文政四年（一八二一）の村役人勤方《つとめかた》心得に次のような規程がみられる。

諸願向の儀、五人組判頭へ申し出で、それより箱役・長百姓・組頭それぞれ次第を以って庄屋方へ申し出で、割番庄屋、その支配の庄屋、組頭奥書いたし差し出し候事、

上田領の場合、五人組頭を判頭と呼ぶ。五人組の者が何か願いの用があれば、判頭へ申し出て、そのうえで箱役・長百姓・組頭を通じて庄屋に提出される。箱役は不明であるが、長百姓は草分《くさわけ》百姓といい村草創以来の格式高い家である。地域によっては長百姓が村役人になっている場合もある。このように江戸時代の後期になってくると、村は今日の日本と基本的に同じ行政機構のしくみをもつようになり、勝手に代官所に訴えることはできない。

村の行政の中心は村役場（名主宅）でここに村役人が集って協議する。たとえばここで「村定」（村法）がつくられると、五人組のもとに配布される。天保七年（一八三六）、幕府領の赤須・上穂など八ヵ村で倹約の村法がつくられた。従来は五人組前書に倹約などの法文が盛り込まれ、これを五人組が遵守する請書を出していたが、村々で自治的に倹約すべき項目をあげ、これを「村定」にしたのである。その文章をあげておこう。

右箇条の通り、当申年より来たる戌年まで三ヵ年の間、質素に心掛け費（無用の出費）これ無く様取り計らうべく候、この「村定」を五人組頭の宅へ一枚ずつ張って、時々、五人組仲間に読み聞かせ、心得違いのないよう、必ず守るようにと定めている。村の自治機能が高められ、五人組がその中心となっているのである。

さて五人組に関係する興味ある「村定」がある。文化元年（一八〇四）、安曇郡花目村の「村定」である。全文を紹介する。

当村の儀、地所柄故か数年作違（不作）多、村方必至と難渋仕り候に付き、村中惣百姓打ち寄り申し合わせ候処に、外に致す様も御座無く候得ば、兼々、仰せ出だされ候作間稼《さくまかせぎ》ならび倹約の儀、この度、厳しく申し合わせ、五ヵ年の間、左の通り相定め候事、

一、作間稼の儀は、十月より二月まで一夜に十文ずつ、何にても藁細工稼いたし、女は五文ずつ木綿いたし候とも、又は藁細工いたし候とも、もし右の品出来兼ね候者は、野菜など拵え相用い、飯料にて賄出し候とも、何れにいたし候とも、右の積もりにて男女ともに七、八歳以上の者は残らず稼いたし、十月より二月まで毎月晦日に組合頭へ相渡し御役場へ差し上げ、親方へ御預け申し、御上達の差加に致すべき候事、

一、倹約の儀、吉凶の節、一家　組合のほか一切集り申すまじく候事、

一、月待、日待或は祭礼の節も、客礼一切無用致すべき事、

一、吉凶ともに何事によらず酒一切無用致すべき候事、但し、婚礼には祝儀ばかりに相用うべく候事、

一、衣服の儀、絹類一切無用致すべき事、

一、何事にも藁を以て髪をつかね候順にいたし、笠なども藁を以て拵え相用い申すべく候事、

一、年内休日三十日ほどこれ有る所、半減にいたし、昼前は出精いたし、昼後に休み申すべく候事、

一、近所五、七人ずつ組合いたし、廻々起番相立て、朝七ッ半時に起き、六ッ時には作場へ罷り出で申すべき候事、

右書面の通り不承知の者一人も御座無く候、よって御請一紙連印仕り差し上げ申し候上は、聊も違乱仕るまじく候、そのため一札よって件のごとし、

文化六年巳七月

池田組花見村

与右衛門㊞

太兵衛㊞

五左衛門㊞

又三郎㊞

太右衛門㊞

（以下二十三名省略）

庄屋

理右衛門殿

組頭

喜右衛門殿

この村は不作続きで困窮し村人が寄り集って、作間稼と倹約に関し、五ヵ年を限り守るべき村法を作った。作間稼とは、農間余業で、花見村では木綿織物や藁細工を作っている。そして興味あるのは村がこれを管理し、作った物を五人組へ渡し、そして「御役場」―村役場へ提出するという。「親方」については不明である。

「村定」には書いていないが、違反すると村八分または組八分になることもあって、「不承知」の者が一人もいなかっ

たかもしれない。

村の生活

村の生活における五人組の機能について本論でいろいろと例をあげて述べたが、ここでは信濃国の例をあげる。

万延元年（一八六〇）、松代領松岡新田村で、遊女通いを制禁することについての請書が出された。最近、須坂町で「糸引女」と唱える遊女屋ができ、近村の若者や年長者まで金銭を遣い捨て遊興する始末である。この上は規定を取り決め組々より村役場へ一札を出した。それには今後、遊女屋に行くようなことがあれば、当人はもちろん、「組惣代の者・三役人・頭立《かしらだち》」までどのような処罰にあってもよいと記している。

幕府はこのころ遊女屋を取り締っているが、信濃国でも村のなかで遊女屋通いする情況があった。ここで金銭を多く使うことが幕府の倹約政策にふれ、禁止されることになったのである。そこで「村役場」としては五人組の組々から一札をとり、遊女屋通いしないことを取り決めた。五人組へのしめつけである。

この遊女屋通い禁止以外に、五人組がいろいろの取り決めに加判している。

〈貞享元年（一六八四）・鉄砲改め証文〉

五代将軍綱吉の在世期、鉄砲改めがおこなわれた。千村御預所の伊奈郡のうち七ヵ村で一〇四挺という。この鉄砲は畑を荒す獣類をおどかすための猟師鉄砲で、狩猟のほかに悪事に使わないように、村ごとに五人組より証文を取った。

〈正徳二年（一七一二）・焼畑詫証文〉

焼畑は山野の柴・草を刈り、これを焼いた後に、土地を掘りおこさず粟・大根・そばなどの種をまき収穫するが、地味が悪くなれば放棄する耕作法である。高井郡箕作村では焼畑は禁止されていたのにもかかわらず、違反する者がでて、その詫証文に当人のほか五人組頭が加判している。宛名は庄屋であるから禁止は村のとりきめであったのであろう。

〈享保十一年（一七二六）・屋根屋職人免許願〉

小諸領下の城村の源四郎は「近年の世柄《せがら》故、作斗《ばかり》にて渡世（農業だけで生活）送り兼ね迷惑に存じ奉る」とし、屋根屋職人になりたいという。世柄とは時勢で農業ばかりでは生活していけないという。それで諒解を組頭・五人組衆中に求め、五人組頭と組仲間三人が連印のうえ、名主に願いを提出したのである。

〈文化四年（一八〇七）・貯穀拝借請証文〉

天明飢饉のあと、飢饉に備えて雑穀（稗《ひえ》・粟《あわ》など）を貯穀する制度ができた。水内郡栗田村では一二七石余の貯穀高があったが、水難で村が困窮し、貯穀を五ヵ年で返済することを条件に借用することになった。そのさいもし五人組のなかで返済できない者がでてきたら、五人組の責任でかならず弁納することを、五人組頭が代表して名主に一札を出している。

〈文化六年（一八〇九）・田植日違背詫証文〉

小諸領菱野村の義兵衛が苗の成長がよくないので、田植を延ばしてもらいたいと、村役人の百姓代に頼んだところ、村役人が見分に来て、村中の五人組から一組一人ずつ呼び相談のうえ、中一日、延ばすことになった。ところが当の本人が日を延ばさずに田植をすませてしまったのである。これは、「御役元（村役人）」をはじめ一村を馬鹿にした振舞いで、「過怠」（懲戒）として「組預け」になるところ、「組合を以って御詫」したので内済になった。今後は「御役元」の指示を守ると、組合六人の連印一札を名主に提出した。農業生産面でも、村が五人組を中心に自治的に運営されていることがわかる。

〈慶應三年（一八六七）・富札《とみふだ》取締請書〉

富札は富籤《とみくじ》に使用する札である。富籤とは多数の富札を売り出し、それと同数の番号札を箱に入れ、箱にあけた小孔から錐《きり》を突き入れ、刺さったものを当りとして賞金を出し、残額を興行者の収入とした。博奕の一種である。かつては公認されたが天保十三年（一八四二）、禁止となっている。水内郡田子村では富札を買わないよう五人組が請書を出している。

近頃、越後国高田辺において富と唱える札売り弘め、人寄せの様子粗《あら》くこれ有り候間、右などの場所携り候儀相成らず候様、厳重に仰せ出だされ承知畏り奉り候、

そしてこのため、「一村限り（ごと）五人組より三役人（村役人）に請書取り置き申すべく候」と、五人組連印での請書を出している。

〈天保六年（一八三五）・不埒者取締請書〉

上田村・上塩尻村で不埒（無法）な出来事について、今後そのようなことのないよう、五人組が請書を出している。七ヵ条あってその一部を示す。

蚕影山・虚空蔵において村方の者ども打ち集まり、折々、大酒いたし酒興の上、戸を打ちこわし、錠前ねじ切り、神前の備物焚《や》き捨て、畳を切り破り、落書などいたし、言語に絶する始末、神罰・仏罰恐れず者の事、

そのほか、野荒し、川・道にちり・あくたを捨てることなどが記されている。そこで五組ごとに不埒をした者を書付け、最寄りの組頭（村役人）まで差し出すようにとある。この請書は判頭の園右衛門の組合が「村役人」に提出したもので、組内を調べたところ名前がわからないと報告している。

〈享和二年（一八〇二）・未進人年貢引請証文〉

五人組の仲間百姓の未納分を五人組が弁納している史料をあげる。全部を示す。

御年貢御未進五人組引請証文の事

一、米二斗四升一合七夕五才　孫十郎㊞

一、米七升二合五夕三才　右利米

〆　三斗一升四合二夕七才

一、米二俵一斗二升九合四才　清三郎㊞

一、米二斗七升八合七夕一才　右利米

〆　三俵七合七夕五才

右は去酉暮御年貢収納目録御手代様御出で成され、御未進これ有り候者五人組引請、当正月二十九日までに急度相立てさせ申すべく証文差し出し置き候処、右不納の者当作毛五人組へ相渡し、五人組にて刈取り、未進勘定九月二十日限り急度、勘定相立て申すべく旨、仰せ渡され畏り奉り、これにより五人組引請、御請負印形差し出し申し候、

御未進借り主

孫十郎㊞

同断　清三郎㊞

五人組　佐　吉㊞

同断　与左衛門㊞

同断　和　助㊞

同断　藤三郎㊞

庄屋 兵次郎殿
休年庄屋 喜兵次殿
組頭 庄三郎殿
長百姓 善右衛門殿
同断 久兵衛殿
同断 八郎右衛門殿
同断 要次郎殿
口頭 庄五郎殿

右の史料でわかるように、年貢未納は五人組の連帯責任で弁納するのである。そのためもあって前に述べたように、富裕農と貧農層をバランスよく組み合わせる。もっとも貧農層ばかりの組もあるが、その場合は村全体つまり惣請で弁納する。

〈売地・質地の連帯責任〉

信濃国の田畑屋敷の売地・質地などの連帯責任に関する史料四十一点を整理して第27表にまとめた。加判（連帯責任者）のところをみると、（1）証人・（2）請人・（3）口入・（4）五人組・（5）村役人・（6）親類の肩書がみられる。本論で指摘したように、質地証文に五人組が加判すべしと義務ずけたのは寛文六年（一六六六）である。同年以前にも五人組の加判がみられるが（同表5）、江戸時代全体ではその数は少ない。

関東では江戸時代中期以降、質地証文にはたいてい五人組のみの加判か、五人組・親類が併記している。信濃国の場

第27表

	年代	売地・質地証文	加判
1	慶長10（1605）	畑売渡し証文	証人
2	〃15（1610）	田地売渡し証文	口入
3	元和6（1620）	田畑・被官年季売証文	証人
4	承応3（1654）	屋敷地永代売証文	証人
5	明暦2（1656）	田畑売渡し証文	五人組・口入・町年寄
6	寛文7（1667）	草山質入証文	口入
7	〃9（1669）	田地年季売証文	請人
8	〃10（1670）	永代売渡し田地	請人・証人
9	延宝1（1673）	質地証文	組頭・請人
10	〃2（1674）	田地売渡し証文	組頭・請人
11	〃3（1675）	田地売渡し証文	庄屋・組頭・長百姓
12	〃（〃）	永代売渡し田地	証人
13	貞享2（1665）	田地年季売渡し証文	請人・組頭・名主
14	〃3（1666）	永代売渡し家屋敷	五人組・請人
15	〃（〃）	永代屋敷売渡し手形	五人組・組頭・名主
16	元禄6（1693）	田畑売渡し証文	庄屋・組頭・口入
17	宝永1（1704）	田畑屋敷売渡し証文	庄屋・組頭・請人
18	享保4（1719）	畑売渡し証文	請人
19	〃5（1720）	未進百姓の持ち高・家財売渡し	五人組内・頭
20	〃7（1722）	永代売渡し畑	組頭・合地
21	〃9（1724）	売渡し田畑	口入・庄屋・組頭・長百姓
22	〃13（1728）	畑年季税	請人
23	〃20（1735）	売渡し田地	証人
24	延享5（1748）	漆畑永代売渡し証文	請人・組頭
25	宝暦6（1756）	焼畑譲り渡し証文	請人
26	〃7（1757）	質物流地証文	請人・年寄・組頭
27	安永5（1776）	温泉場質入証文	組合のうち請人・口入
28	天明8（1788）	田地質入証文	五人組請人・口入請人
29	〃（〃）	林売渡し証文	証人・請人組頭
30	文化4（1807）	畑林売渡し証文	親類代・五人組代
31	〃8（1811）	質地証文	親類惣代・五人組惣代
32	〃（〃）	伝馬屋敷地売渡し証文	組合請人
33	〃9（1812）	御蔵麻代借用証文	五人組頭
34	〃10（1813）	質地添証文	口入証人
35	文政11（1814）	小作証文	親類苗代・合地・組合惣代・組頭
36	天保8（1837）	麻畑質入証文	証人
37	〃（〃）	畑質入証文	請人
38	〃10（1839）	畑・百姓株村方引渡し証文	親類証人・組合証人
39	弘化5（1848）	山売証文	証人
40	文久3（1863）	田地年季売証文	親類証人
41	慶応3（1867）	田地年季売証文	年番組頭

合、表５・14・15はいずれも町の例、村で五人組の加判がみられる表19の史料について説明しよう。

同村の半四郎は年貢、御役銀などを上納できることができないので「つぶれ」―潰百姓を願った。これについては、近日中に田畑・家財ともに売却するので、さしあたって五人組で弁納してもらたいとのことで、五人組頭五人と本人たち五人が連印している。潰百姓五人とは多いが、年貢などを納められないで、田畑・家財を売り払う予定で、五人組が弁納しているのである。

このように信濃国の場合でも、五人組が組合の百姓の土地売却にかかわっている例がみられたが、同表でみるかぎり質地などの証文に五人組が加判する例は多いとはいえない。ただ江戸時代中、後期になるとめだつようになるのは、五人組の存在感が強まってきたのであろう。

加判人のうち口入が江戸時代の終りごろまでみられる。もっとも関東では中、後期になると保証人の肩書としてはない。口入は平安時代からある古いことばで仲介者であった。江戸時代になると世話人をいう。請人も口入人と同じく保証人であるが、請状を出して責任をもつ。証人は文字通り保証人である。請人・証人のなかには、組合請人・組合証人のように実際は五人組が加判しているかもしれない。そのほか加判人には村役人もみられる。

総じて、信濃国の質地・売地の証文に五人組が加判するのは一般的とはいえない事実がわかった。幕府は質地証文に名主・五人組の加判が必要であると、代官を通じて村役人に達しているはずであるが、信濃国のように中、小の大名領が多いところでは徹底されなかったのであろう。

五人組はずし

信濃国においても五人組はずしがみられる。元禄六年（一六九三）、高井郡佐野村の八兵衛は、次のような口上書を奉行所に差し出した。

① 私が「組中」へどのような「悪事」をしたのだろうか。
② 「神事の酒」のとき私一人だけ引き離し、その人数に入れないのは迷惑である。
③ 私にあやまりがあれば、「組中」に従うので事情を奉行所から聞いてほしい。
④ 「拙者一人にては御百姓相勤め申す事罷り成りまじく存じ奉り候」。

この④が組はずししてもらいたくない本意である。つまり組を離れては農業での生活が出来なくなる。ということは、前にもふれたように、五人組が生活協同体であるからである。

以上、信濃国の五人組についていろいろの側面で考察してきたが、基本的には本論で述べた五人組が共同体として、村の自治的運営の組織として活動していたことが明らかである。

［付論2］

明治時代の五人組

江戸幕府が崩壊し江戸時代が終り、明治新政府による近代国家が出発する。明治天皇治政の明治時代となるが、五人組はどうなるのか。五人組は生活協同体として江戸時代の農民・町民の生活に不可欠の存在であったが、一方、人民支配体制上の組織であったから、住んでいる土地に束縛され、自由な行動は禁止されていた。新しい明治国家になっても五人組は存在するが、どのようになっているか、史料をあげて検討してみよう。

〈明治三年（一八七〇）・五人組議定書〉（武蔵国多摩郡吉祥寺村）

取極《き》め申す議定の事

一、今般御一新に付き、五人組の儀は家並《なみ》・最寄を以って組合わせ、親戚同様親しく相交わる旨御布令に付き、村中相談を以って夫々《それぞれ》組替に相成り候処（中略）町場一組に取究め、尤、その中五組に分け、組中一同入札を以って惣代組頭役相立て、その身一代相勤めさせ（中略）組合内祝儀披露の儀は向《むこう》三軒両隣の外、組合惣代として組頭五人を相招き申すべし（後略）

この史料から明治政府が五人組を改めて編成していることがわかる。編成の仕方は「最寄・家並」で土地所持高別の組み合わせはとくに指定していない。五人組は「親戚同様」に付き合い、五人組頭は入札で決める、そして祝儀のとき、五人組頭を招待するところは変っていない。ただ「向三軒両隣」は前にも述べたように、豊臣政権下の連帯責任の範囲であったが、江戸時代にはない地縁組織で、江戸時代では連帯責任の対象ではなかった。もっともそのつながりは、太平洋戦争中の隣組として活動する。

〈明治四年（一八七一）・五人組帳〉（武蔵国高座郡棚沢村）

五人組の帖（帳）

百姓代勤役

伍　長　庄兵衛改　柏木庄平㊞

重郎兵衛改　同　重郎平㊞

源兵衛改　同　源七㊞

太兵衛改　遠藤多平㊞

八兵衛改　柏木八平㊞　ツブレにて人家当時なし

右組合

伍　長　兵右衛門改　柏木宇平治㊞

長右衛門改　同　長五郎㊞

弥次兵衛改　同　弥次郎㊞

徳右衛門改　遠藤徳次郎㊞

茂右衛門改
井 上 茂 平 ㊞
（以下八組省略）

江戸時代の五人組帳と異なっているのは一見してわかるように、名前をかえ名字をつけているところである。江戸時代では農民は名字はないようにみえるが、これは江戸幕府の身分差別の政策によるもので、実際は本家分家の関係で名字は継承されており、たとえば神社への寄付金には名字が書かれている。次に五人組頭は伍長に肩書が変更されている。また村役人の組頭・百姓代が五人組に編入されていることは、村役人制がなくなっていることを示している。

〈明治四十三年（一九一〇）・伍人組規約〉（信濃国下高井郡平穏村）

伍人組規約

※原文のまま一部省略

第一条　伍人組ハ本区内各自ノ安寧ヲ維持シ幸福ヲ増進スルヲ以テ目的トシ徳義上自治機関ノ運用ヲ助クル者トス

第二条　伍人組ハ一家同様ノ親睦ヲ旨トシ隣佑凡ソ五戸ヲ以テ組織スベシ但シ寄留人ハ其最寄組合ニ加入セシムベシ

第三条　組合ハ伍長一人ヲ選挙シ組合諸般ノ事務ヲ委任スベシ伍長ハ丁年以上ノ男子ニテ無給トシ其任期ハ三ヶ年トス（中略）区長若クハ組惣代ヨリ其理由ヲ示シテ改選ヲ促ス事アルトキハ速ニ改選スル者トス

第四条　伍長ハ区長及組惣代ノ協議ニ従ヒ又ハ自己ノ任意ニ依リ組合内ニ於テ左ノ事項ノ実行ヲ務ムル者トス

一　学齢児童ノ就学奨励ヲナス事

二　衛生上互ニ協力誘掖シテ予防消毒方法ヲ周到ナラシメ伝染病者発生ニ際シテハ組内ニ警告シ自ラ進テ隔離病舎ニ入ラシメ決シテ隠蔽ナカラシムル事

（中略）

四　租税ニ滞納ナカラシメ且税金取纏メ方等ノ補助ヲナスコト

五　兵役ノ義務ヲ完全ニ尽サシメ且之ヲ優待スル義務ヲモ尽サシムルコト

（中略）

第六条　伍長ハ組合ノ主旨目的ニ必要ナル事項ニ関シ区長若クハ組惣代ノ協議及ヒ諮問ニ答フル事ヲ辞スルヲ得サルモノトス

（中略）

第十条　本規約ハ明治四十三年四月一日ヨリ実施ス

右之通一同確守実践スル為メ茲ニ捺印スルモノ也

明治四十三年三月三十日

下高井郡平穏村沓野区

第壱番組

児玉　義亮　㊞

竹節留太郎　㊞

（以下省略）

明治四十三年の時期は、富国強兵の国策により日本が近代国家を確立したころであるが、農村では江戸時代よりの五人組が存続していた。村の行政機構は区長・組惣代・伍長となる。近代国家になって半世紀に及ぶころにいたるまで、日本の村社会は五人組を必要としたのである。それは五人組の本質が生活協同体であったからであろう。

おわりに

ある集団を動かす場合、たいていは組か班にわけ、リーダーを選出して、全体のコントロールをはかるのが一般的である。この組の起源は戦国時代・織田豊臣両氏の時代であろう。たとえば長篠の戦いで武田軍の撃破に活躍した、織田信長の鉄砲隊はいわば歩兵隊であって、組に分かれ組頭がいて統率されていた。関東に入国する以前の徳川氏は、家康の直轄軍が六組に分けられ、番頭・小頭がいた。戦国時代の騎馬合戦では、一族・郎等・雑兵からなる一騎の軍団がそれぞれ独立して戦ったのだが、その一騎が組に編成されたのである。

この番・組の軍事組織のしくみが村・町の人民を十人組・五人組の組織に取り入れられたと考えている。江戸時代以前の中世日本の郷村に自治組織があったとしても、その延長に編成されたのではなかった。

豊臣秀吉が伏見城下の治安対策で、常住している大名たちに出した「掟」に、十人組・五人組を編成するよう命じたのだが、これが国内の大名領の村・町の人民支配の組織に利用されて、十人組から五人組になり、寛永年間には幕府の主導で全国的に五人組が成立した。したがって村のなかに地縁的な共同体があってそれが五人組に転化したのではない。五人組は支配体制の一環として成立したのである。

ともあれ五人組は、兵農分離で武士が城下町に住み、武装解除された村に農民だけが住むようになって、治安など村の自治のために領主側が設置したと考えられる。名主・年寄など長百姓の権威だけでは、自立してきた本百姓を治めることができない状況があって、これを組に編成して村の秩序を守らせようとする領主側の意図がみえる。

五人組が寛永年間に制度化されたとすれば、それを必然化した原因は何か。これについては寛永年間の五人組一札でみるように、幕府・大名領主による農民内部の治安・年貢納入・潰地など協同耕作の連帯責任制の強化が必要とされたところにある。要するに、農民を村に封鎖して治安を維持させ、年貢を安定的に取り立てるためであったといえよう。

また、五人組は帳簿上の存在にすぎないとする説があったが、これは実際に機能していたことは述べたところである。ただ、地域によってはある時期、五人組が形ばかりになっているので、元のように活動させることをきめたとする史料があるので、今後とも検討していきたい。

今一つ、五人組前書を体系的に検討したうえで、五人組を江戸時代村落の自治的組織として評価する法制史のみかたがある。これを正確にいえば、五人組を基礎とする村の運営が自治的であるかどうかになる。これについてはすでに述べたように、何事によらず組中と五人組に相談したうえで、村役人衆に届けることになるが、名主の屋敷が役宅になっていて、五人組が村の行政機関になっている様子がわかる。

そして村役人（とくに名主・庄屋）は不正があるとリコールされ、名主や組頭が年番制になっている村もわりあいと多い。もっともこの現象は江戸時代後期にみられるが、その分、五人組が強化されるべきであったのである。要するに、江戸時代以前からの有力百姓である名主の専制で村が運営される段階から、村役人・五人組を中心とした自治的村落となっている。

さて、村社会の血縁的関係はどのようになっているのか。五人組とは別の族縁的な共同体があるのか。村のなかでは古い家柄の長百姓を中心として本家・分家の同族の結びつきがある。いわゆるマケまたはマキである。質地証文の加判――連帯保証人は、幕法により名主と五人組になっているが、時には親類も加判している場合がある。これは五人組だけでは信用されず、有力な一族の者の加判が必要であったか。いずれにせよ、五人組は親類だけで組み合わせないのが領主側の指示で、事実、五人組編成はそのようになっており、漸次、本家・分家の血縁関係は希薄になりつつあった。

五人組は編成替えがあったのか検証していないので不明である。組八分のところで述べたように、組ごと付き合わない申し合わせをしているので、組内の結束は強い。この点から考えると、いったん組が編成されると、そのままであったのかと考えられる。

天明飢饉・天保飢饉にみられる農村の窮状がみられる一方、村の商業の発達（質屋・穀物商・小売商）などにより、土地を集積して地主化する富裕農民、一方、土地を手放して小作人化する貧農層に階層が極端に分かれていく状況があった。農民が剣道の修行をするような、いわば下克上の動きがある幕末社会においてこそ、五人組の役割はより果される感があるが、これについては今後、さらに研究をしてみたいと思う。

江戸時代が終り、明治維新後の近代日本が成立したあとも五人組が存続し、これを全国的に復活させようとする動きもあったようである。近代日本と五人組とはどのようなかかわりあいがあるのか、日本民族のありかたを知る材料であると考えている。

本書は五人組と近世村落に関する実態を提示するにとどまり、近世村落の構造的分析にかかわる学説についてあえてふれないで叙述した。機会があれば意見を提示してみたい。

さて、最後にきびしい出版事情の折から、一般向きとは思われないタイトルの原稿を出版していただいた株式会社雄山閣に感謝の意を表したい。またいろいろとお世話になった編集部の久保敏明氏にお礼を申しあげたい。

煎本増夫（いりもと　ますお）
昭和５（1930）年神戸市に生まれる
昭和35（1960）明治大学大学院文学研究科
修士課程修了
神奈川県立横浜平沼高等学校教論、明治大
学講師を経て、国学院大学講師などを歴任
著書に『幕藩体制成立史の研究』『島原の乱』
『江戸幕府と譜代藩』『戦国時代の徳川氏』
など他論文多数

平成21年8月10日 初版発行　　《検印省略》

五人組《ごにんぐみ》と近世村落《きんせいそんらく》 — 連帯責任制《れんたいせきにんせい》の歴史《れきし》 —

著　者　煎本　増夫
発行者　宮田　哲男
発行所　株式会社　**雄山閣**
〒102-0071　東京都千代田区富士見２－６－９
TEL 03-3262-3231　FAX 03-3262-6938
振 替 00130-5-1685
http://www.yuzankaku.co.jp
印刷所　萩原印刷
製本所　協栄製本

ISBN978-4-639-02101-8　C1021